I0038934

SER INMIGRANTE

*Cómo vivir mejor siendo
inmigrante en los Estados Unidos*

ANADELIA RODRIGUEZ

SER INMIGRANTE

© 2021 Copyright por AnaDelia Rodríguez

ISBN: 978-0-578-97222-0

Todos los derechos reservados. Queda prohibido copiar, reproducir, distribuir, publicar, transmitir, difundir, o en cualquier modo explotar comercialmente cualquier parte de este libro sin la previa autorización expresa del autor.

Auto-Publicado por AnaDelia Rodríguez
Edición y Corrección: Academia Best Seller / Willy Ulloa
Diseño: Academia Best Seller

1a Edición

DEDICATORIA

A mi honorable familia por apoyarme siempre, especialmente a mis seres divinos Ana Cecilia, Manuel y Hector M Castro, por ser mis grandes maestros de amor.

A mi ser, a tu ser y a cada ser humano que cruce una línea llamada frontera.

Tabla De Contenido

AGRADECIMIENTOS

Agradecer te recuerda que todo evento se disfruta mejor de la mano del agradecimiento.

Por esta razón es que quiero expresar mi más grande agradecimiento a cada persona que abrió su corazón contándome un poco de su historia de vida.

Agradezco a mi Life Coach Xóchitl Ashe, por enseñarme lo sagrado de mis palabras escritas.

A mi familia y amigos(as) que son mi apoyo e inspiración.

A mi mentora Adriana Pierce y a mi gran maestro de oratoria Javier Madera.

Por último, mi más grande agradecimiento a Alfonso Inclán por ser la persona que me dio la guía para completar este libro.

¡Y Gracias a ti que me estás leyendo!

INTRODUCCIÓN

Venir de otro país o cambiar de ciudad puede cambiar tu cultura, pero no tu ser, tu esencia.

A través de los años, siendo Contadora de una diversidad de compañías tuve qué viajar muchas veces y por esta razón es que pude observar una serie de situaciones de las cuales aprendí que ser inmigrante no es solo cambiar de país: es caminar a través de desiertos, cruzar ríos, subir montañas, cruzar mares, aprender nuevos idiomas, conocer una diversidad de gente, biculturizarte.

Al vivir en tierra extraña se puede mover tu esencia, pero no cambiarla, porque tu ser ya está formado y solo debes nutrirlo cada día.

En este libro encontrarás algunas recomendaciones que te servirán para que al lugar donde llegues lo conviertas en tu hogar. De cómo dejes de no ser de aquí ni de allá para ser siempre de aquí y de allá.

Hay una imagen impregnada en mi mente que permanecerá por el resto de mi vida, es el día en que estaba haciendo línea en la frontera de Tijuana para entrar a este país, Estados Unidos. Fue un momento de emociones encontradas, pues aunque para mí fue fácil porque llegué con pasaporte y visa, no dejaba de sentir pánico y tristeza porque sabía que en ese momento estaba dejando atrás el país que me había visto nacer.

La señora con la que venía me contaba su experiencia de vida acá; lo que más recuerdo es que me decía que debía aprender el idioma Inglés en cuanto llegara, pero al mismo tiempo sabía que no era tan fácil para nosotros los latinos. Hablaba tanto de experiencias positivas como negativas.

Ahí estaba yo en una camioneta *van* sentada escuchando la historia de esta señora con la preocupación de sentirme completamente inocente, ciega.

Al momento de escribir estas letras, ya han pasado veinticinco años y aún puedo vivir ese día, aún puedo describir con detalle cada movimiento que hicimos, cada palabra, cada paso que dimos durante esta llegada.

Sé que mi ingreso a Estados Unidos fue fácil en comparación al de otras personas, pero también sé que el adaptarme aquí fue igual como para todos. Todo un proceso, aunque afortunadamente mi familia me otorgó muchas comodidades, desde un lugar dónde dormir hasta un trabajo; aún así extrañaba mucho mi país.

Empecé a darme cuenta de la cultura tan diferente y, aunque soy mexicana, rápido entendí que nosotros los latinos que vivimos en Estados Unidos nos vamos formando en una cultura muy distinta. Déjenme explicarlo mejor: si como mexicana vivo en México, soy diferente a la mexicana que vive aquí en EUA.

Acá debemos aprender a convivir con todos, con gente que viene de guerras, otros que vienen solo de vacaciones, con gente que se viene por un sueño; también hay quienes vienen tremendamente dolidos, no solo por la ausencia de sus seres queridos, sino porque viene huyendo del hambre, de la pobreza, de la sociedad llena de clasismo.

Debemos llegar con la mente abierta para mirar no como foráneos, sino como exploradores. Fue así como empecé a sentir lo que significa ser inmigrante.

Aprendí que debía pasar un proceso y entre más me observaba más entendía que la vida del inmigrante incluye llorar muchas veces, que eso es algo común. Para los que somos migrantes, el periodo promedio de llanto es de dos años, periodo en el que extrañamos hasta el último rincón de nuestra casa, esa casa que dejamos.

Vivir en EUA te da muchas oportunidades, pero también te quita mucha parte de la vida.

Recuerdo que por dos años recorrí las mismas calles de mi trabajo a la casa y de la casa al trabajo, donde lloraba y lloraba, recordaba y olvidaba, amaba y dejaba de amar; donde construía y destruía, donde mis sueños parecían inalcanzables, pero emergía la chispa del sí puedes lograrlo.

Donde sabemos qué debemos decir y revisar nuestra maleta de pensamientos, de hábitos, de costumbres; esa maleta invisible que cargamos en nuestros hombros, la maleta de metal, que en ocasiones es tan pesada que debemos tomar la decisión y hacerla más ligera. Y para eso debemos saber qué sacar, qué dejar y qué agregar.

Este país es un manjar, aunque —como los manjares— también tiene cosas que no te gustan, pero son opcionales; otras que no te gustan, pero no hay opción: las debes tomar. Hay cosas que traemos de nuestros países que acá no nos sirven, esas que hay que ser sabios para intuir si las sacamos o les buscamos un uso, aunque sea esporádico.

Debemos tantear si vale la pena seguir con ellas, aunque haya ocasiones en que esas cosas las debemos despegar del corazón y eso duele mucho, tanto que en ocasiones forma cicatrices en el alma que quedan reflejadas el resto de la vida.

Por eso es el llanto, el grito en silencio, el encierro, el crecer; porque estás renaciendo en un nuevo país, un lugar donde no naciste, donde tienen otras costumbres, donde no hay historia.

El país donde todos los inmigrantes debemos caminar, debemos dejar nuestra negatividad y crecer; donde debemos sacar la casta desde nuestro ADN y luchar por seguir y adaptarnos a vivir aquí, donde debemos ser guerreros incansables sin perder la esencia de nuestro ser.

Donde debemos saber si es bueno sonreír a carcajadas o es momento de contenerlas, saber que salir con el cabello mojado a la calle es visto como algo vulgar y debemos decidir si seguimos adelante o lo secamos antes de salir. Todos lloramos por días y noches, por nuestros sueños, por nuestras familias.

Yo he llorado por mis amigas, por mi almohada, por mis poemas que dejé en la pared de la esquina de mi cama...

Todos lloramos por eso grande o pequeño que dejamos en nuestro país, dejamos la coraza escondida y todos esperamos algún día regresar y seguir siendo el mismo *paisa* que dejó su terruño.

Al final nuestro llanto nos convierte en seres biculturales, seres valientes, que sabemos elegir; en seres que crecemos al aprender que un país no te hace, un país no retiene tu historia.

Aprendes que las risas, los abrazos y el amor no son de un país, son de la gente y la gente la encontramos en cualquier lugar del mundo.

El llanto nos lleva a despojarnos del dolor y hacernos más fuertes a la adversidad; nos lleva a ser inmigrantes, pero al mismo tiempo nos sana, nos da valor y nos avienta a volar.

Fue así como poco a poco entendí que si quería salir de este periodo de transición debía pasar por todo un proceso de observación, de mirar y escuchar, de abrazarme y aprender a adaptarme a este país en el cual vivo por elección.

Abrirme camino como Contadora y especialista en impuestos me ha dado la oportunidad de visitar muchas compañías y conocer mucha gente de diferentes países, así que teniendo en cuenta mi experiencia como inmigrante y entendiendo que mi aprendizaje podía ayudar a más personas a pasar por este proceso más rápido fui recolectando alguna información basada en hechos reales, como también sentimientos, y grandes historias; recogí miradas perdidas, abrazos nunca dados y muchos sueños logrados.

Así que este libro te dará información muy útil, algo que perdurará para el resto de tu vida. Te lo garantizo.

Este libro básicamente está escrito con el objetivo de que te ayude a conocer más acerca de *Ser Inmigrante* en EUA… y descubras *cómo vivir mejor siendo inmigrante en los Estados Unidos.*

CAPÍTULO 1

Decidir si realmente quieres vivir en Estados Unidos

Como todo en la vida, si debemos decidir vivir en un país diferente al de nuestro origen —no importa la razón— lo importante es que ya estamos en él. Sé también que para muchas personas es más fácil que para otras.

En este proceso me he encontrado con varios casos:

La de *olvídalo*:

Cuando llegamos acá sufrimos tanto y extrañamos mucho esas raíces, que decidimos poner una barrera en nuestro corazón y cubrirlo con coraza de olvido; solemos extrañar tanto ese rincón donde dormíamos que mejor lo borramos de nuestro mapa.

Así, en pocas palabras, nos deshacemos de él.

En este caso hay muchas personas que llaman a sus seres queridos todos los días, pero ahí solo hay lamento de amor, lamento de hambre, lamento de dolor y eso nos duele tanto que en ocasiones mejor decidimos dejarlo; borrar de una lo que fue nuestro pasado y se cierra el capítulo de la familia, los amigos, la ciudad y se emprende una nueva vida aquí en este nuevo país.

O en ocasiones simplemente ya no nos gusta estar cerca de la gente que viene de nuestro origen, porque simplemente se decide vivir así sin nada de historia.

Traer el rancho con nosotros:

Aquí por lo regular se nos presenta una característica muy común y es que en la casa que se ocupa se hace un pequeño rancho o pueblo, se busca a la gente que tiene el mismo origen conectándose de tal manera que se vive como en el rancho:

Se festeja el mismo santo, se celebran las mismas tradiciones, se come la misma comida, se comparten las mismas ideas y estereotipos.

El papá se compra su casa en un terreno grande para ir construyendo pequeñas casas para los hijos, donde todos puedan vivir juntos.

Cuando la nueva generación nace aquí se llevan los hijos al pueblo para que busquen su cónyuge allá. Porque es bien sabido en una comunidad que no hay mejores esposas o esposos que los del origen de ellos.

Así pasan generaciones donde no se cambia mucho, se vive dentro del pueblo solo que en diferente país.

Además es sorprendente ver cómo tanto los padres como los hijos viven añorando retirarse para regresar al pueblo de origen.

Lo más importante de estas comunidades es que por lo regular los padres son muy estrictos con los hijos, quieren todavía el control de todo.

Hay muchos hijos que crecen con miedo a salir de ese lugar y empiezan a no querer expandirse o no contactar con gente de diferentes culturas.

Los que no aceptan que son latinos:

Este grupo es de personas que anulan su origen completamente, olvidan lo que fueron y adoptan completamente la mentalidad y costumbres del país al que llegaron.

Se apuran en aprender inglés, empiezan a tener muchos amigos de diferentes culturas; el mundo se empieza a expandir, hay en su memoria algo que grita por dentro pero no se hace caso, solo se piensa en ser una *nueva persona* y adoptan completamente un nuevo modelo de vida.

Muchos hasta se cambian al nombre, dejando la historia cerrada.

En los tres casos estamos viviendo un cambio de nuestro ser.

Hay algo de pérdida y ganancia, pero lo más importante es saber siempre quiénes somos, cuál es nuestro origen, por qué estamos aquí, y sobre todo saber si realmente queremos vivir en este país por muchos o pocos años.

Aunque parezca fácil, no lo es.

Estamos físicamente en un país y emocionalmente en otro. Estamos divididos y eso provoca fractura en las metas.

Al principio, la mayoría piensa en regresar y no se enfocan en lograr algo aquí, solo se empieza a ver lo negativo de este país y se vive idolatrando el pasado.

Debes decidir si quedarte acá o irte, darte un plazo para eso te da paz.

Creo que la mejor parte de cualquier decisión es poder saber o proyectar un poquito de lo que se puede lograr.

Cuando se sabe en qué país se va a vivir podemos actuar con enfoque y decisión el plan que se tiene.

CAPÍTULO 2

Aprende a hablar inglés

"*No hablar inglés es gritar en silencio*". Esta frase me llegó en uno de mis primeros días de mis clases de inglés.

Me sentía perdida al no poder expresar mi sentir, no poder abrirme a un mundo que estaba ahí, pero al que yo no podía entrar; donde sabía que hay un camino por recorrer pero tienes pocas ganas, miedo, desidia, pena.

Quizá simplemente estamos perdidos y no podemos emprender la jornada que nos llevará a conocer un mundo existente, donde los errores se convierten en pequeños triunfos.

En el colegio al cual yo iba para estudiar inglés daban una obra de teatro a la que decidí ir, llegué temprano, compré mi ticket, ubiqué mi asiento rápidamente, pero a los pocos minutos de sentarme me dieron ganas de ir al baño, y en el teatro —al menos así lo percibí en ese momento— solo había gente hablando inglés.

Pensé y pensé "¿cómo se dice dónde está el baño?"

Por más de diez minutos ahí estaba yo tratando de armar mi frase y con todo el miedo al gran monstruo caminé unos pasos y a la primera persona que pude le dije:

-Excuse me, where is the bathroom?

Ella me miró con unos ojos de sorpresa mientras yo me hacía pequeña y más que pequeña me convertía en miniatura.

Con solo mirar sus ojos y su expresión me di cuenta de que me había equivocado, sentí vergüenza, casi me orino frente a ella.

Por las ganas que aún tenía de ir al baño, no sé cómo pero en medio de mi impaciencia entendió la palabra *bathroom* y me indicó dónde estaba.

Después aprendí que no era *bathroom* sino *restrooms*…

Así fui viviendo muchas anécdotas, desde prender la tele y no entender nada hasta aprender a poner alerta todos mis sentidos completamente, a escuchar; aprendí que cuando una persona estuviera hablando conmigo debía mirarla a los ojos, leer sus lenguaje corporal, escuchar las palabras, ver sus movimientos en los labios y por un instante debía estar 100 % concentrada escuchando a quien me hablaba.

Aprendí que hay *dos idiomas* inglés:

Uno es el oficial, en el cual me era más fácil comunicarme porque por lo regular tiene muchas palabras que se parecen al español. Me encantaba escuchar hablar a un abogado, aunque me mirara con cara de duda, porque él no sabía si yo podía entenderlo.

El otro es el callejero, que me ha costado entenderlo, porque las palabras las cortan o las alargan; las jergas dependen del área donde se viva, del tipo de persona con la que se hable. Cada ciudad tiene sus propios modismos.

No saber hablar inglés te lleva mucho al silencio, a estar en distintos lugares y no poder comunicarte. Se aprende a no escuchar conversaciones ajenas, no tanto porque no quieres sino porque no las entiendes.

Tienen un concepto de ti según hables el inglés, como en nuestros países latinos juzgan a las personas no hispanohablantes por no hablar bien el español.

En este punto me he dado cuenta de que lo más lógico es que todos los hijos de padres latinos deberían hablar los dos idiomas, pero también existen barreras donde para algunos hablar español es muy difícil porque han sido ridiculizados desde niños, o porque han sido criados en áreas donde solo hablan español; también para algunas personas les es un poco complicado hablar español porque no lo practican.

He conocido personas que vinieron aquí en los años 60's o 70's del siglo pasado que tomaron la decisión de que sus hijos no hablaran español porque en esos tiempos era mal visto comunicarse en este idioma. Afortunadamente el día de hoy el idioma español aquí en California es tan importante como el inglés, porque en cada esquina nos encontramos con alguien de nuestro país.

En mi experiencia como Contadora me he dado cuenta de que ser bilingüe es un *plus* y no se tiene que hablar perfectamente ambos idiomas, es más el esfuerzo por comunicarte con la gente y hay personas que valoran mucho que nos esforcemos por comunicarnos. Lo que no está bien es que queramos imponer o exigir que nos hablen en español en todos lados.

Aprendí con el tiempo que lo mejor que debemos hacer para que nuestros hijos sean perfectamente bilingües, es enseñarles desde temprana edad que el Español es el idioma principal en el hogar.

Algo muy común acá es que los hijos de padres latinos —hijos que nacieron acá o vinieron muy pequeños— muchas veces tienen que actuar como traductores. Eso se va convirtiendo en costumbre, al grado que hay situaciones en que un adolescente es el portavoz de los padres.

He conocido muchos jóvenes que me han contado sus historias de cómo ellos desde pequeños empezaron a llenar documentos, a lidiar con los recibos de electricidad, de cómo aprendieron a comprar un carro, cómo llenaron los formatos de inmigración, de cuando traducen al médico las dolencias de sus padres.

Algunos, cuando sus madres van a dar a luz, han tenido que entrar al quirófano como traductores entre la madre y los médicos; otros se aterrorizaban al saber que corrían el riesgo de equivocarse porque los padres les dejaban toda la responsabilidad.

Es sorprendente cuando vemos en una tienda a la mamá con el niño al lado y al momento en que le hablan a la mamá en inglés, esta voltea a mirar al hijo para que el niño le traduzca lo dicho.

Por otro lado, es emocionante ver que una persona de 70 años recién llegada de su país toma el *bus* para ir a la escuela a aprender inglés; eso es plausible y ejemplar. Hay personas que se esmeran por comunicarse en inglés y aunque cometan muchos errores siguen adelante.

Es muy necesario saber hablar inglés, pero sin olvidarnos de nuestro idioma natal, el español.

En base a como vivimos la comunicación en tierra extraña, he aprendido estas cosas y me han dejado satisfecha:

1. Después de vivir el reto del idioma, vives la barrera de las culturas. Y más porque nos enfrentamos a diferentes formas de lenguaje al momento de comunicarnos.

   Cuando mi inglés era muy pobre, creo que la mejor forma de comunicación que encontré fue a través de mis expresiones; una de las cosas más difíciles fue transmitir mi sinceridad y más cuando estás en un aprieto del cual debes salir a como dé lugar, sin pensar mucho. Recuerdo haber empezado a manejar un carro a los pocos días de haber llegado aquí y por mi falta de experiencia en los *freeway* choqué contra otro carro.

   El verme envuelta en un accidente me llenó de miedo, porque en ese momento no sabía qué hacer y depende mucho de la reacción de la persona con quien chocaste: si es un gringo, hace un escándalo; si es un latino, arreglan sin llamar a la policía.

Pero no quise mencionar mi nacionalidad. Fue un caos: llegó la policía, me pidieron mi licencia de conducir —y cómo explicarle a un policía estadounidense que yo solo tenía licencia de México—, mi lengua se trabó completamente sin poder comunicarme con él, que solo hablaba inglés y yo español.

El agente, cumpliendo su deber y sin entender mis súplicas, llamó a una grúa y subió mi carro en ella; eso fue porque yo no tenía licencia de EUA.

Al ver semejante desastre y con la frustración de no poderme comunicar, me senté en media banqueta y solté el llanto; mi llanto era tan dramático que el policía me miró, creo que sintió compasión por mí, hizo una llamada, le pidió al de la grúa que esperara, yo ahí sentada lloraba y lloraba. Pasaron los minutos y por arte de magia veo un hombre bajando de un carro, viniendo directamente hacia mí. Pero ¡oh, sorpresa! Él hablaba español.

Le conté mi historia, le dije que solo tenía licencia de México, me calmó, explicándome que era un agente de policía también, pero era su día de descanso y que por eso no tenía uniforme.

El policía tradujo de inglés a español y lo que yo no podía explicar en inglés. Pasaron menos de cinco minutos y la grúa bajó mi carro, entregándomelo y dejándome ir a casa manejando, sabiendo ellos que los del seguro me iban a contactar para solucionar todo.

Quizá en algunas ocasiones las lágrimas no sirvan, pero en este caso para mí fueron una forma de expresarme, porque el policía cuando miró que estaba llorando fue compasivo conmigo. Y lo más importante fue que ellos vieron en mí una gran necesidad de comunicarme, por eso el policía buscó ayuda.

2. En mi experiencia como mexicana trabajando en mi país fueron muy pocas las veces que me vi en dificultades de comunicarme. Pero al emigrar fue totalmente distinto para mí, y a medida que empecé a construir mi negocio fui descubriendo diferentes formas de comunicarme.

La mayoría de mis clientes son hombres y no sé si por falta de conocimientos de contabilidad en ellos o porque yo no sabía cómo comunicarme, pero afronté un gran reto:

Se formó una necesidad en mí de querer transmitirles mis ideas o conocimientos de una manera que lo entiendan y respeten, por eso me di el tiempo de leer libros, de aprender cómo hacerlos parte del diálogo bien comunicado; porque en ocasiones cuando les presentaba reportes, explicándoselos, brincando de un tema a otro, ellos me miraban pero como perdidos.

Fui adquiriendo paciencia poco a poco, me sentaba con ellos y les explicaba las cuentas línea por línea, hasta comprobar que por fin me hice entender claramente. Fue a través de libros donde entendí cómo abrir un diálogo donde las dos partes van entendiendo el mensaje de una manera concisa y profunda.

3. Cuando aprendemos que debemos ir a lo profundo de un tema y estás en medio de un mundo multicultural se aprende a tomar ventaja de todo, desde la mirada hasta el tono de voz. Es donde debemos aprender que si alguien te grita, no te debes asustar. Y si no te quiere saludar, no te sientas mal, quizá es normal en su país no saludar a los extraños.

Lo más importante es entender que nada es personal, cada quien viene cargando sus tristezas y alegrías de una manera diferente. Así que, repito, nada es personal, solo sé consciente de quién eres tú.

4. Comunicar es tener el mensaje concreto y específico que vamos a transmitir, pero en ocasiones no sabemos lo que queremos y transmitimos nuestras dudas y miedos. En cada palabra que decimos, nos damos a conocer a nosotros mismos.

Es mejor pensar y tener muy en claro nuestro sentir u objetivo, especialmente cuando estás hablando con alguien que no habla español, o con algún agente federal, porque específicamente podemos salir afectados de una situación que en ocasiones solo se sale de las manos por no saber comunicarnos, porque solemos ser muy explícitos donde no se requiere serlo, donde debemos ser solo específicos.

5. Conversar con nuestros hijos especialmente cuando son adolescentes es como desarrollar el arte de saber aprovechar la oportunidad en cada situación que se nos presente; no es fácil transmitir el mensaje cuando ellos están hablando inglés y nosotros los padres hablando español.

Quizá es la barrera más grande que debemos pasar, teniendo hijos nacidos en un mundo estadounidense con corazón mexicano, porque lo único que nos puede salvar es la comunicación a través del amor de padres y ver los segundos que ellos nos dan de atención como para entrar en sus oídos, sabiendo que solo pueden llegar dos o tres palabras y esas palabras deben ser muy bien elegidas.

Cuando ellos abren la ventana de la atención hacia nosotros es cuando nuestras breves palabras deben sonar como música a sus oídos para que lleguen a transmitir el mensaje.

6. Por muy ocupados o distraídos que estemos debemos poner atención en las personas que están a nuestro alrededor, debemos concentrarnos en mirar dentro de cada uno de ellos.

Una de las cosas más hermosas que he encontrado en EUA ha sido escuchar las hermosas historias de muchas personas; digo hermosas porque cuando cada uno de nosotros somos capaces de contar nuestra historia, por más triste que haya sido, es porque de alguna manera ha sido sanada o está en el proceso de sanación.

Podemos estar sentados hablando con una muchacha de veinte años y resulta que llegó a este país porque le dieron la visa a su grupo musical y descubrió que era una banda de trata de blancas; la tenían encerrada en una camioneta van con trece personas y se escapó.

Otra mujer te cuenta cuántas veces la violaron por las tres o cuatro fronteras que cruzó.

O una mamá que llora la ausencia de sus hijos, a quienes no ve por más de veinte años.

Mi sobrino cuando estudiaba en el colegio llevaba muchos amigos a su casa, amigos que procedían de diferentes culturas.

Mi hermana (que hablaba muy poco inglés) siempre los recibía muy bien y les invitaba comida, en ocasiones llegaban muy hambrientos sabiendo que en la casa de ella había un plato de comida que los esperaba.

Han pasado los años y esos muchachos aman a mi hermana, ella a través de la comida se ganó el cariño de ellos, y en este lidiar con el lenguaje lo más importante es cómo actuamos con los otros.

Creo que la base de la mejor comunicación es el amor, el aprender a dar y recibir, dejar a un lado el temor a mirar a la otra persona a los ojos; esto es algo común entre latinos indocumentados, porque tienen la autoestima muy baja.

Creo fervientemente que la base de cualquier idioma es despojarnos del miedo a que se rían de nosotros, es de cierta manera dejar de gritar en silencio para gozar de libertad de expresión.

Así que simplemente comunícate en base al amor, en base a la paciencia y en base al objetivo de conocer y saber que cada uno somos diferentes.

CAPÍTULO 3

Seguir la Ley

Al llegar a EUA y empezar a hacer amistades vemos que la mayoría de los que vivimos aquí nos consideramos unos expertos en leyes, especialmente las de inmigración.

Si alguien viene nuevo solemos atosigarlo con consejos e historias, tanto positivas como negativas y el nuevo residente se expone a un tumulto de conjeturas.

El día que conversé por primera vez con la persona que me ayudó a tramitar mis documentos de residencia, después de explicarme todo el procedimiento, me dio un consejo que lo tomé muy en serio:

"Si tienes alguna duda, por mínima que sea, ven conmigo o llámame, porque la persona que lleva tu caso soy yo, y muchas personas allá afuera te van a decir cosas que no se relacionan con tu situación".

Estas palabras resonaron en mí a través de los años y las he seguido en todos los aspectos de mi vida, incluso las aplico en mi negocio.

No se trata de no ver más opciones, se trata de que en ocasiones y dependiendo el caso solo hay una o dos alternativas y si vamos con un experto a consultar un asunto importante, estoy completamente de acuerdo que así sea.

Pero si vamos con la vecina o con el compañero de trabajo, ellos solo nos contarán la historia que han vivido en base a como les haya ido; esto nos puede ocasionar mucho estrés, lo cual debemos evitar.

Cada país tiene sus propias reglas y a donde vayamos debemos seguirlas como un buen ciudadano cualquiera. Están las más básicas como:

Leyes de tránsito:

Manejar en Culiacán, Sinaloa (México) es manejar a la defensiva, pero con cuidado porque nunca debes tocar el claxon a la persona que está delante de ti.

Manejar en El Cairo es una gran experiencia por el solo hecho de que en toda la ciudad solo hay cuatro semáforos.

Como se darán cuenta, muchos venimos de lugares donde se tiene que sobrevivir en el tráfico, pero manejar aquí en EUA es seguir la ley, es aprender a respetar la velocidad autorizada y más porque está determinada en base al lugar, a la calle; es lógica la velocidad permitida cerca de una escuela, de un centro comercial, etc.

No manejar en estado de ebriedad:

Esta es una de las leyes que deberían estar escritas en letras grandes y marcadas en cada neurona de nuestro cerebro, lo digo porque una de las cosas que más sufre nuestra comunidad es desobedecer esta ley.

He conocido familias enteras quebradas porque un miembro de ellos conducía borracho, lo agarraron, lo deportaron y ahí surgen la fractura y el arrepentimiento.

Conozco una señora que es mamá de un muchacho el cual aplicó para el programa de *dreams* (ley de inmigración llamada DACA que beneficia a jóvenes a quienes sus padres los trajeron desde la infancia a Estados Unidos), lo aceptaron mientras él trabajaba y estudiaba; tenía un futuro muy próspero, pero lo encontraron manejando en estado de ebriedad y todo eso que estaba logrando lo perdió.

Ahora debe regresar a su país de origen, el cual ni siquiera conoce porque este joven llegó a vivir a EUA cuando solo tenía dos o tres años.

Por la nostalgia de vivir en otro país que no es el nuestro muchas personas tienden a ver el alcohol como un escape y se vuelve una rutina el estar ebrios.

Cada viernes el comprar las botellas de alcohol es un "premio" por haber sobrevivido a la fuerte rutina de trabajo, a estar lejos de la familia, de los amigos.

Y así se van volviendo ciegos, hasta que cometen graves errores de los cuales no hay regreso, solo queda enfrentar las consecuencias.

No tirar basura en la calle:

La mayoría de mexicanos en EUA tenemos la costumbre de decir ¡Somos libres! cuando cruzamos la frontera hacia Tijuana.

En verdad se siente la libertad al pisar nuestro país, pero una de las cosas más feas que veo es que las personas que cruzaron la frontera tiran basura desde sus carros a la calle.

Eso es muy feo y triste. En EUA no lo podemos hacer porque nos multan.

Estas cosas se vuelven hábitos y si ya tenemos el hábito no importa el país donde estemos, debemos cuidar todo a nuestro alrededor.

Pagar Impuestos:

Así como queremos tener ingresos en EUA, igual debemos pagar impuestos. Así de simple.

Afortunadamente aquí sí podemos disfrutar de gran parte del pago de nuestros impuestos.

Existe gente que nunca ha pagado impuestos y cuando se les dice que deben hacerlo, es muy doloroso para ellos.

Nuestro deber como dueños de negocios o como empleados es regresar un poco de lo que este país nos da.

En el transcurso de este tiempo que he preparado pago de impuestos me ha tocado ver muchos casos, entre ellos gente completamente dispuesta a pagar y hacer las cosas lo mejor que puede, hasta gente que por ningún motivo quiere pagar nada, intentando hacer lo imposible por evadir esta ley.

Leyes de inmigración:

Hablar de este tema es muy importante, sin duda, especialmente porque los que ya tenemos más tiempo viviendo acá nos creemos "sabios", porque pretendemos que sabemos mucho de leyes.

Creemos que ya somos abogados, pero la realidad es que hay leyes que los únicos que las saben interpretar son los propios agentes de *ICE (Immigration and Customs Enforcement)* del departamento de inmigración.

Y lo digo porque hay situaciones que solo ellos saben cómo resolverlas.

Muchas veces nos encontraremos con historias en las cuales se habla bastante, se expone mucha verdad, pero también mucha mentira, mucha exageración y al mismo tiempo ignorancia.

Nos encontraremos con muchas historias en las cuales se habla mucho, se expone mucha verdad, pero también mucha mentira, mucha exageración y al mismo tiempo mucha ignorancia.

Continuamente hablamos, discutimos, damos consejos, orillamos a la gente a pensar o decidir en ocasiones de una manera pegada al miedo, solo por el simple hecho de no leer un poco o ir con un abogado.

Recuerdo que cuando empecé el proceso de mi caso de inmigración tenía unos meses en este país y la persona que me ayudó me dijo que cuando yo tuviera una duda mi deber como su cliente era tomar el teléfono, llamarla y hacerle la pregunta directamente a ella.

Por años he seguido su consejo, porque aprendí que si era necesario llenar la forma más simple para ellos, yo debía pagar un profesional y no importaba si costaba diez o cien dólares, era mejor pagarlos.

En el transcurso de este proceso aprendí que las autoridades son muy estrictas, que todos los documentos deben ser llenados de forma perfecta.

Muchas veces por la prisa o simplemente porque son formatos desconocidos para nosotros nos equivocamos al llenarlos, eso puede generar retraso y hasta consecuencias graves en un proceso tan delicado.

Leyes de Trabajo:

Aquí existen muchas leyes sobre las que debemos instruirnos para conocer nuestros derechos como empleados o como dueños de negocios.

Hay leyes laborales para la protección de ambas partes.

Por algún motivo, en EUA se facilita mucho quebrar ambas leyes y más aquí en California, donde todos sabemos que hay muchos inmigrantes que no tienen residencia legal en este país; esto provoca una situación donde pone a ambas partes en ventaja y desventaja.

Algunas compañías tienen un 80 % de empleados sin residencia legal, provocando que se genere una fuerza de trabajo para mucha gente donde el único que toma la decisión es el dueño del negocio.

Así como hay excelentes empresarios que tienen respeto por su gente y les ofrecen todos los beneficios, mientras hay otros que se aprovechan y no les ofrecen nada.

CAPÍTULO 4

Propuestas no habladas

Sé puntual:

Esta propuesta no escrita debe ser uno de los hábitos que todos deberíamos tener. Por años he escuchado que los latinos somos impuntuales, existen muchos artículos referente a esto.

Mi madre siempre me educó a llegar temprano, siendo ella una persona con valores de disciplina muy fuertes me dio ese ejemplo de constancia de exactamente en el momento que se tiene el compromiso. Esta característica es conocida por todos, hasta los niños.

Mis hijos que son adolescentes saben que si la fiesta es organizada por mexicanos deben llegar una o dos horas tarde, pero si es organizada por otra cultura saben que el deber es llegar exactamente a la hora.

Quizá en una fiesta es una ventaja porque cuando se llega temprano no hay nada empezado todavía. Pero qué les cuento del compromiso de un trabajo, del cierre de un buen trato; en mi negocio lo veo continuamente.

Un día teníamos una importante reunión con un inversionista experto en hacer proyecciones y un joven con una gran idea, había un buen proyecto en mano.

En la sala de conferencias estábamos todos esperando, pero el joven y su papá llegaron treinta minutos tarde; el papá llegó dando excusas del porqué estaban llegando a esa hora, aunque realmente en este caso no hay excusa válida, porque los demás tienen sus compromisos.

El tiempo que se iba a dedicar a crecer esta gran idea se redujo; se cerró la creatividad y la posibilidad de ver más opciones, porque la gente empieza a estar atenta al tiempo que se está terminando.

Hemos llegado al punto de que la persona que está esperando ve nuestro apellido en la tarjeta de presentación, se da cuenta del apellido latino y reacciona con la mirada como diciendo "es latino, por eso está llegando tarde".

Afortunadamente por otro lado hay personas que tienen una lealtad a la puntualidad, dejando de lado la fama de impuntuales para ser unas personas completamente respetadas y logran borrar un poco ese concepto mal aplicado.

En mi oficina tenemos varios clientes así. Llegan cinco minutos o quizá diez minutos antes, frescos con nuevas ideas, con un optimismo verídico reflejado en sus caras, no importando cuán temprano tuvieron que levantarse para estar exactamente a la hora señalada.

Esto nos hace ver más responsables al ofrecer un servicio o producto, no importando de qué país seas, das buena imagen a la persona con la cual tienes el compromiso.

No hables mucho:

Por hábito, por idiosincrasia, por alegría, por necesidad o por lo que sea tendemos a hablar mucho.

Siempre la comunicación es básica para nosotros, tenemos una comunicación muy expresiva, aunque en estos últimos años ha bajado un poco; es difícil saber cómo comunicarnos en un país que no es el de nuestro país de origen.

EUA es un país regido por muchas leyes, las cuales muchas de ellas son quebrantadas al momento de hablar; de nuestra boca puede salir el veneno o la miel, podemos abrir la puerta o cerrarla, podemos construir o destruir.

Básicamente nuestra lengua es la creadora de muchos de nuestros errores o éxitos.

Me he encontrado muchos casos donde el hablar a mucho y a detalle ha tumbado casos legales.

Me contaba una señora que trabaja en una oficina de una abogado que es mi cliente que ella preparaba a la gente antes de llegar a una litigación, les hablaba por tres o cuatro días, donde les explicaba las cosas que debían decir, paso por paso, cómo contar el caso detallado, cómo fueron las cosas, en qué situación está ahora, cuáles han sido las consecuencias; así poco a poco, al final ella me dijo:

Siempre tengo el mismo problema, la gente habla de más, dice unas historias largas enfocándose en detalles que no ayudan, y dejando afuera las cosas más importantes.

En lo personal recuerdo haber ido a mi entrevista de ciudadanía, todo fue muy bien, ya había pasado todas las preguntas, el agente hasta me había dado la aplicación para mi pasaporte, todo estaba bien hasta este punto, al levantarme de mi asiento y querer despedirme de él me pregunta:

-¿Tu esposo está aquí?

Le respondí que no, que está en Chicago; ahí me cuestionó más, me miró con ojos de duda y terminó pidiéndome más documentos, esto por un momento hizo dudar la situación.

Cuando salí pensé que cuando él me preguntó *"tu esposo está aquí"*, tal vez se refería a aquí en el edificio.

Mi respuesta hubiera sido un absoluto no, él no está aquí en el edificio. Debía ser breve o si no entendía la pregunta debía hacer que él la explicara antes de responderla, para tener conciencia de qué era exactamente lo que él quería saber.

En mis entrevistas con agentes de *IRS* (*Internal Revenue Service*) quienes trabajan donde se recaudan los impuestos, o con trabajadores sociales, policías, con personas que trabajan en el condado, etc., he aprendido que a ellos les dan un entrenamiento de cómo hablar despacio, en pausa y sabiendo exactamente lo que vamos a decir, dando exactamente el mensaje directo y concreto.

Esto les evita muchas situaciones desagradables y comprometedoras.

Ser cuidadosos con nuestras palabras es precaución, es protección para nosotros mismos.

Cuidar que lo que sale de nuestra boca no sea en forma escandalosa y de chisme, sin exageración, sin egolatría; que sea simplemente de una manera inteligente, sabiendo que es nuestra verdad.

Sé que en ocasiones no es fácil, solo hay que tener la disciplina de agregar un nuevo hábito en nuestra forma de comunicar.

Practicar y observar, hasta que llegue el momento en que por iner-
cia sepamos conscientemente lo que estamos comunicando.

No adivines de qué país soy:

Por lo general, nos encanta adivinar o asumir de qué país es nuestro compañero de trabajo, de qué país es la persona que nos arregla el jardín, la que nos cocina, el mesero, la recepcionista que nos contestó el teléfono, cualquier persona que se nos atraviesa.

Los latinos que vivimos en Los Ángeles, California, cuando vemos a otros latinos asumimos rápidamente que son mexicanos, o si vives en Nueva York que son puertorriqueños, si vemos a una persona asiática rápido les llamamos chinos, las personas de medio oriente son simplemente árabes.

...Y así vamos etiquetando a nuestra manera de qué país es cada persona.

Realmente no nos detenemos a pensar que no debemos actuar así, porque para algunos no es gratificante el país que se le asigna, hasta le puede ser incómodo.

Hay qué entender que el país más hermoso es el de cada uno, por eso aquí es muy importante preguntarle a la persona de dónde viene.

Si tenemos una duda no asumamos, preguntemos de qué país, de qué ciudad, de qué lugar específicamente procede; así nos evitaremos un momento incómodo al ver la cara de una persona asignándole un país que no es el de su origen.

Igual con las personas nacidas aquí de padres inmigrantes, hay que preguntarles de qué país son sus padres y así se abre una comunicación más sabrosa sin que se sientan ofendidos.

Tengo una "amiga por teléfono" que es de Colombia (digo "por teléfono" porque solo la he visto una vez); nos hicimos amigas porque ella también trabaja en contabilidad y continuamente nos comunicamos para pedirnos sugerencias o algunas opiniones.

Ella tiene unos clientes mexicanos y me comentó de ellos diciéndome *"Señorita, usted sabe que estos mexicanos no me quieren pagar"*, y realmente no había analizado esas palabras hasta ese momento, por algún motivo me dolió que dijera "estos mexicanos".

Yo por mucho tiempo había dicho los salvadoreños, los guatemaltecos, los hondureños, los argentinos, etc., pero no había escuchado que dijeran "los mexicanos", así, tan drásticamente; eso me dolió, mas no me ofendí con ella, al contrario, sigue siendo mi amiga en contabilidades.

Me hizo entender de cómo somos despreciativos con otras personas, vamos asignando diferentes categorías para todos y no nos damos cuenta de que alguien más las está asignando en nosotros también.

Asumir que todos los de un país son iguales es un hábito que no funciona en ningún país lleno de inmigrantes, en un país cosmopolita como es EUA.

No podemos juzgar a nadie en base al país de origen, esto es completamente ridículo e ilógico; cada ser humano es independiente.

Cuando llegué aquí recuerdo que fui a una tienda de teléfonos, el dueño era un Judío y empezó a hablar conmigo, conversamos unas cuantas cosas de historia de Israel y de México. Al momento de despedirme de él me dijo:

-*"Eres una mexicana diferente"*.

Me dijo que los mexicanos con los que él había hablado no sabían nada de cultura, le contesté que a él le faltaba conocer México.

Estando sentada frente a una mujer china, ella haciendo mis uñas me preguntó:

-¿De dónde eres?

Le contesté que de México y me dijo:

-*"Eres una mujer muy suertuda, porque eres blanca, todos los de aquí del Este de Los Ángeles son morenos"*.

Mi respuesta fue que esos mexicanos también son suertudos.

El estereotipo no solo ocurre en nuestra comunidad hispana, también en diversas comunidades de otros continentes.

Nombres y apodos:

Desde niña crecí en medio de una cultura donde poner apodo es una de las cosas más típicas que podía ver; por lo regular nuestro vecino era el gordo, el flaco, el feo, la prieta, el chino, el chapo, el tamal, el cara pálida, etc.

A estas personas desde niños alguien les puso el apodo y así crecen, siendo adultos ya pocos o nadie sabe sus verdaderos nombres.

Afortunadamente, en casa mamá nos enseñó a no permitir que nos pusieran apodos y a llamar a las personas por su nombre.

Recuerdo que cuando trabajaba en una agencia Nissan a un compañero le decían "Choropo", no sabría decirles por qué.

En ese tiempo yo tenía diecisiete años y empecé a entablar amistad con él. Cuando le llamé por su verdadero nombre (el cual era un nombre muy bonito) hasta parecía como si hablara con otra persona.

En su momento él me agradeció por hacerlo y siempre me preguntaba por qué yo era la única que lo llamaba por su nombre.

Desde ese tiempo aprendí a tener respeto por el nombre de cada persona, y te cuento esto porque sé que muchos de nosotros hemos venido a EUA con apodo de nacimiento.

Si te gusta te lo puedes dejar, pero si no te gusta es momento de empezar con una nueva identidad: tu verdadero nombre.

También es momento de no decir apodos a nadie, es muy desagradable empezar a clasificar a las personas y más cuando somos de diferentes países, tendemos mucho decirle a todos asiáticos que son chinos, y aunque lo usamos como una manera fácil de clasificar esto no es muy agradable para ellos; lo sé porque ellos mismos lo comentan.

Para algunas personas de diferentes culturas es una falta de respeto poner apodos.

Otro punto es cuando te llamas María del Carmen y en México siempre te dijeron Carmen, vienes a EUA y tu verdadero nombre es María porque se toma como referencia el primer nombre.

Te llamas José Leonardo, todo el mundo te conoce por Leo, pero ahora dejas de serlo y eres José.

Al empezar una nueva vida en un país diferente es recomendable ponerte fuerte y saber con qué nombres quieres que te llamen, si no quieres que te minimicen o te lo acorten sé específico y acostumbra a la gente a llamarte como tú deseas.

Algunas personas vienen con nombres muy raros, difíciles de pronunciar, y aun así nos piden que los llamemos por su verdadero nombre, enseñándonos cómo pronunciarlo y aunque no sale perfecto se hace lo mejor.

He conocido mucha gente de nombres muy extraños, casi imposibles de pronunciar en occidente y ellos por propia voluntad deciden cambiarlos, escogiendo un nombre americano o latino común; este caso lo veo más en personas que se dedican a ventas, por ser una manera más fácil de recordarlo.

Cualquiera que sea el caso en cada persona, mi sugerencia es que debemos quitarnos el hábito de poner apodos y que llamemos a las personas por su nombre.

También defender nuestro nombre, ese que al ser pronunciado nos produce una sensación de pertenencia, de identidad.

Lucha y defiende siempre tu nombre, recuerda que es parte de tu personalidad, de tu esencia.

Si por alguna razón no te agrada el nombre que tus padres te dieron, cámbialo y escoge uno por ti mismo; es de las cosas más hermosas para nuestros oídos escuchar el agradable nombre de cada uno de nosotros.

CAPÍTULO 5

Valorar nuestro servicio

Ir a ofrecer nuestros servicios es entrar en un mundo de inseguridades, es creer que la persona que nos contrata nos está haciendo el favor.

Estar parados ahí esperando una entrevista nos llena de miedo, mirar a los ojos a la persona que no dice cómo quiere que le arreglemos el jardín nos mata de pena; ahí estamos llenos de traumas, nuestra voz sale entrecortada, tratando de traducir dos o tres palabras del español al inglés.

Las rodillas tiemblan no menos que las manos, se nota al escribir, en algunos casos la mente se bloquea y ni nos acordamos de cómo nos llamamos.

Ahí estamos, pidiéndole a Dios que no nos pidan papeles, o que al menos lo hagan el segundo día, cuando ya tenemos menos vergüenza.

Volteamos al piso o quizá al cielo, y ahí se nos aparecen en la mente nuestros seres queridos que dejamos atrás, que necesitan ropa, comida, ir a las escuelas.

Recordar las lágrimas de nuestras madres nos hace levantar la mirada y ver con seguridad al empleador, donde le decimos que nos dé cualquier trabajo, no importa, lo que sea, solo queremos trabajar.

Las compañías estadounidenses ya no están en posición de dar muchos beneficios a los empleados, la situación económica las ha llevado a quitar muchos de estos del menú del empleado. Por lo tanto buscan gente que no exija mucho.

Hay gente estadounidense que se acostumbre al viejo estilo de tener todo sobre la mesa y quizá con toda su experiencia su fuerza de trabajo lo vale, pero la compañía como dije antes ya no está en esa posición y opta por tomar gente flexible, gente que tenga ganas y empeño en hacer, que quiera avanzar, y algunos recién llegados a este país son perfectos perfiles para llenar puestos vacantes de gente que pide muchos beneficios.

Esa persona recién llegada, o como dicen muchos: recién "desempacada", llena de miedo, poco a poco va tomando posición de una nueva gerencia, de un buen cocinero, de una buena vendedora, creciendo en el ámbito laboral hasta llegar a estar satisfechos con sus salarios.

También hay personas que el miedo se quedó con ellos y puede llegar a crecer su responsabilidad en la compañía, pero no crece su chequera; se quedan limitados, paralizados y frustrados porque han hecho todo lo posible, pero no han aprendido a vender su servicio.

Señalo este tema porque es muy común ser inmigrante y que te quedes sin poder cobrar lo que realmente vale tu servicio.

Es algo que traba a la persona y tiene una sensación de lástima por el patrón, suelen regalar su mano de obra.

En ocasiones me he parado frente a la persona, lo invito a tomar un café y le explico un poco de cómo vender su servicio bien vendido. Siento como si les diera pena cobrar. Como si el jefe o el empleador mordiera.

Los motivo a ver su valor, a ver que en ocasiones son artistas vendiendo sus obras; les hablo de lo mucho que vale su trabajo hasta convencerlos que se muevan, que alcen los ojos y dejen atrás el miedo.

Que recuerden a su familia que espera la remesa, pero también que se amen ellos mismos y puedan ganar algo para ellos, para disfrutar aquí en su nueva vida.

CAPÍTULO 6

Deja el miedo o el ego, es tiempo de empezar otra vez

No puedo dejar de escribir sobre este tema y más porque lo veo continuamente en mi diario vivir. Hay dos cosas que nos atan a vivir mediocremente al momento de ser nuevos en un país:

El miedo a salir y tocar puertas:

Continuamente he conocido personas quejándose de todo, pero no se mueven, hay que moverse para producir, hay que salir a la calle, deja el miedo dormido o dale vacaciones pero debemos salir, porque el que sale encuentra.

Uno de mis clientes me contaba que su papá de ochenta años vino de vacaciones, lo primero que le dijo fue:

-*"Hijo, enséñame cómo tomar un bus que me pueda transportar a donde yo quiera."*

Después le dijo:

-*"Búscame una escuela donde pueda aprender a hablar inglés, porque quiero comunicarme con todos".*

Así este señor mayor empezó a ir a estudiar inglés, pasaron los días y regresó con el hijo para decirle

-*"Me han contado que puedo vender botes y me gano unos dólares."*

Se fue a juntar botes, caminaba largas horas, cada bote que juntaba le producía mucha felicidad.

Todo lo estaba haciendo con alegría hasta que un día al venir cargando sus bolsas llegó un maleante que lo empujó, le quitó todos sus botes y lo dejó ahí tirado en el piso.

En ese momento el señor dice que pensó que por algo pasan las cosas, cuando de repente por arte de magia sale un señor, no latino, hablando poco inglés, tomó del cuello al maleante, le quitó los botes del señor, lo amenazó para que se fuera de ahí, recogió al anciano, le preguntó si quería trabajo.

El valiente hombre es el dueño de una compañía que hace un tipo de accesorios para los restaurantes, le dio trabajo al papá de mi cliente.

Un trabajo sencillo donde solo cuenta unidades, le pagan por cada doce piezas contadas, pero el señor quería avanzar y ganar más dinero: se trajo a la esposa a trabajar con él.

Hoy este matrimonio junta todo su dinero para llevar sus ahorros cuando se vayan a México.

Me encanta escuchar este tipo de historias, porque me enseña que todo el que se mueve encuentra, que todo el que camina llega a un lugar donde existe la abundancia.

Me enseña que el miedo solo existe si lo dejas existir, me enseña que en cada esquina hay una oportunidad y solo hay que salir a buscarla.

Dejemos ese miedo al qué dirán, ese miedo a ser burlados o ridiculizados, ese miedo a que nos humillen.

Dejemos el miedo y tomemos el valor como nuestro escudo, para que nos impulse a crecer y podamos sacar ese ser valiente que está dentro de nosotros.

El ego, el ego:

El llegar de un país con una carrera universitaria, o haber logrado en nuestro país un puesto de alto rango, o venir de una familia con mucho dinero, donde por alguna razón llegaste a EUA, se llega aquí con ese ego todavía de saber, de controlar, de querer manejar a los demás con desprecio.

A estas personas les recomiendo que antes de cruzar la frontera se bañen con agua del río y dejen su ego allá en el país donde se originó, porque si queremos empezar bien en un país de extranjeros este tipo de ego no nos ayudará mucho; al contrario, nos cerrará puertas.

Conocí a una persona llamada Pedro que en su país es amigo de los más ricos, se crió con gente muy rica, pero por razones económicas se vino a vivir a EUA. Pidió su residencia a través de su esposa porque ella es estadounidense.

Recuerdo estar en una reunión con Pedro, donde me contaba que al día siguiente tenía una cita con el departamento de inmigración para recibir su residencia, estaba tan nervioso, logré mirar el miedo que tenía; él me había contado todas sus influencias y amistades con hijos de presidentes en su país y cómo en su país había logrado tener muchas cosas con sus influencias, pero en ese momento simplemente era un persona más pidiendo residencia legal, como todos nosotros.

Acá se le acabaron sus amistades de mucho dinero, le tocaba a él solo tomar su responsabilidad y sacar su mejor conocimiento. Era el momento de dejar el ego afuera.

Venir con conocimiento ayuda mucho, pero venir con el ego alzado se convierte en una barrera muy fuerte, porque no te deja mirar nuevas alternativas de crecer.

Me he encontrado con personas que están haciendo trabajos fuertes como limpiar casas, pero no dejan atrás el ego y se mantienen hablando de lo que fueron en sus países.

No se dan cuenta que les produce más dolor estar viviendo en el pasado.

Les produce coraje y rabia, porque aquí no pueden crecer, empiezan a despreciar sus propios trabajos, empiezan a odiar a cada uno de sus compañeros, se les hace una guerra en el corazón; se les olvida que no importa dónde vayan, que con humildad y dejando el ego van a poder crecer. Solo es cuestión de tiempo.

El ego por lo que se haya logrado en nuestros países es solo eso: ego.

Ahora debemos quitárnoslo y empezar a caminar como niños, poco a poco, agradecer cada oportunidad que se nos brinda en el transcurso del tiempo.

No importa el trabajo que estés haciendo, alguien se dará cuenta de la educación y el conocimiento que traemos de nuestros países, porque eso es como el dinero y el amor, no tienes que presumir, eso se mira; los dueños de negocios se dan cuenta que sabes, al momento que hablas, al momento que miras, al momento que caminas.

Ese es el lenguaje de nuestra presentación cuando hay conocimiento.

El ego nos lleva mucho a la crítica, a la amargura, a no escuchar y no ver nuevas oportunidades que se pueden presentar, porque solo estamos pensando en lo que fuimos en el pasado y no pensamos en lo que podemos ser en el presente.

Siente como niño aprendiendo nuevas cosas, desde aprender a hablar hasta aprender a caminar; siente como niño viviendo una vida temporal, gózala sin miedo y sin ego; siéntete libre y cada cosa que hagas hazla no con el ego de lo que fuiste, sino con la alegría de lo que te convertirás.

CAPÍTULO 7

La travesía de buscar un hogar

Cuando eres hija de padres que fueron dueños de casa viviendo en México, sabes que ahí tienes un hogar por añadidura, por destino.

Creo que esto es simple porque nací en medio de las montañas y desde pequeña supe que al subir a la montaña más alta y mirar desde la cima, hasta donde alcanzan mis ojos esa tierra era de papá; había espacio para lo que se deseara, crecí sabiendo que tenía un hogar para disfrutar y una tierra para sembrar.

Esto te da sentido de pertenencia, te da mucha estabilidad.

Cuando se emigra a otro país o a otra ciudad es como llegar al vacío. Llegando solo a pedir un pedazo de piso de un metro cuadrado donde nuestro cuerpo pueda al menos estar un poco doblado.

Para algunas personas es prácticamente imposible poder tener un lugar cómodo donde dormir, donde descansar plenamente, especialmente porque es muy cara la vivienda.

Cuando se manda la mayoría del dinero en remesas lo que queda para gastar es solo una mínima parte.

En el transcurso de mi recorrido por conseguir vivienda, me di cuenta de lo difícil que es conseguir lo que verdaderamente se quiere, es como buscar un tesoro en medio de una turbulencia.

Este camino empezó a ser más difícil cuando me separé, creo que cuando se es una mujer soltera con dos hijos es un poco más complicado porque es solo un ingreso y más porque soy una mujer que ama la privacidad tanto mía como de mis hijos y eso me llevó a no meterlos en cualquier área ni con muchas personas.

Dejando de lado el juzgar a los que viven en comunidad en una sola casa, porque se entiende el verdadero esfuerzo que se hace al estar compartiendo todo tipo de energía con desconocidos sabiendo que no hay opción de hacer otra cosa porque el sueldo que reciben no alcanza.

El vivir en un país que no es donde naciste, tener una residencia agradable cuesta mucho y más aquí en California.

He visto casos donde la gente vive en una oficina y se baña en el gym porque están ahorrando para cuando se retiren.

He visto otros casos donde viven juntas diez o más personas, pero también hacen fiesta todos los domingos; quizá eso para ellos es prioridad y así viven contentos disfrutando y olvidando con la embriaguez el quiénes son.

Vivir en privacidad y plenitud realmente tiene un valor muy grande y no solo monetario sino también físico y mental, porque es luchar por esa herencia que traías desde niña.

De alguna manera se busca la libertad y algo que te haga sentir que tienes un hogar, en este caso la prioridad es dormir en paz y armonía.

Mi búsqueda por rentar empezó el año 2009, siendo una madre soltera —como ya lo dije— con dos niños de siete y nueve años.

Habiendo dejado una casa en las montañas de cuatro recámaras y con un jardín grande, fue muy drástico para ellos empezar este nuevo camino.

En el proceso de búsqueda de hogar encontré varias situaciones y casos por los que nos enfrentamos cada uno de nosotros que venimos de otro país:

1. Mi búsqueda empezó por dónde quería llevar a mis hijos a estudiar, sin olvidar que ellos venían de buenas escuelas

clasificadas con rango de 10. Fue ponerme con un amigo y mirar Google, marcando qué áreas en el condado de Los Ángeles, California eran mejor para mis hijos.

Mi amigo me recomendó que hiciera lo que hacen los judíos, me dijo que ellos escogen una ciudad cara para ir a una mejor escuela.

También me recomendó que el área fuera segura. Encontramos South Pasadena, donde todas las escuelas estaban clasificadas con un rango de 10 y era una área segura. Ahora la situación era conseguir un departamento, con el tiempo encima y con dos niños qué alimentar.

Con mi crédito en el suelo por las deudas, solo había posibilidad de que me dieran un departamento feo, viejo y sin opción de pedir más. En mi impaciencia fui a la oficina donde rentaban un departamento y les pedí ayuda, me la negaron, regresé al siguiente día, estaba una señora de origen chino, le dije llorando por favor deme el departamento, tengo dos niños sin casa y necesito que me ayude.

Yo estaba llorando a mares, ella vio mi desesperación y en ese momento me dijo te doy el departamento; le prometí que siempre le iba a pagar la renta puntual.

De ese episodio transcurrieron doce años, mis hijos crecieron en esa pequeña comunidad donde de alguna manera tuvieron ese sentido de pertenencia que yo estaba buscando; tuvieron vivencias y amigos que les fortalecieron el alma.

Siempre luché por darles un lugar que tuvieran en su corazón y que vayan donde vayan sepan que podrán regresar.

En EUA se muda mucho la gente, se cambia de casa cada año o cada dos años, provocando mucha inestabilidad y más cuando tienes niños, porque ellos tienen amigos solo por meses y no por años.

Para mí, recordar que tengo en México a mis amigas desde la primaria me da mucha alegría porque ellas han compartido conmigo muchos eventos de vida y eso era lo que yo buscaba darle a mis hijos.

Pero cuando veo la inestabilidad que viven los niños, me doy cuenta de que no echaron raíces en ningún lado y por eso crecen como plumitas en el aire.

2. Estar continuamente mudándose de casa puede provocar que se pierdan muchas cosas. Sin darnos cuenta siempre perdemos algo que nos duele, cosas que se extraviaron o se quedaron olvidadas. En cada movimiento se rompe la historia y se empieza a crear otra.

3. Puede parecer algo normal mudarse de casa, para algunas personas esto es costumbre, sin embargo, para mí el haber venido de un hogar donde crecí con la firme convicción de que era mi raíz, me hace ver la importancia y el sentido de mi estabilidad.

Caminar de casa en casa puede ser fantástico, pero al mismo tiempo es un poco inhumano el no poder generar una estabilidad propia.

4. Nos mudamos por muchas razones y todas son válidas, tanto por un mejor trabajo como por el simple hecho de alejarnos de alguien que nos molesta en la vida. Las situa-

ciones por las que nos mudamos son válidas porque lo más importante es que donde vayamos encontremos el hogar.

5. En nuestra desesperación solemos aventarnos a comprar una casa. Esto puede implicar un valor mucho mayor al de nuestros ingresos, ocasionando que todo nuestro esfuerzo económico se vaya a la casa, trabajando largas horas para tener dinero para la vivienda, dejando una brecha de amargura y cansancio físico donde solo vemos a la familia de noche y a los hijos crecer dormidos. Una casa que absorbe más del 30 % de nuestro ingreso se convierte en un monstruo que tarde o temprano termina devorándonos.

6. Buscar una casa puede implicar gran confusión, desilusión y más que nada nostalgia por el espacio que se dejó en nuestros países; ahí es muy importante tomar la decisión de dejar atrás el pasado.

Me he encontrado con mucha gente que me habla con verdadera nostalgia de su casa en su país, que tenían una belleza de hogar y ahora viven en un cuarto de unos cuantos metros cuadrados. Me describen los árboles, la alberca, la gran familia; ese es el hogar que aún no encuentran en este país.

Encontrar un hogar es poder compartir y ser feliz. La base de todo es encontrar en ese cuarto, en ese pequeño espacio el tiempo para estar con nosotros mismos, donde veamos que podemos crecer.

Es muy notorio cuando llegamos a una casa y nos damos cuenta de la diferencia entre un hogar o simplemente un techo.

¿Por qué? Porque un techo es solo eso.

En algunas ocasiones puede estar hasta sucio, puede percibirse la soledad, la inestabilidad. Y construir un hogar es amor, paciencia, limpieza.

En un hogar hay sonrisa, calor humano; un hogar te retiene, te hace ser parte de él.

Hogar es simplemente donde después de viajar por el mundo quieres regresar a ese nido que has formado; no importa si eres madre soltera o padre soltero, si el lugar es grande o pequeño. Solo importa lo mucho que vale para ti…

CAPÍTULO 8

*Dolor al dejar tu casa
cuando no es tu casa*

He visto muchos niños separados de sus padres, padres separados de sus hijos, de hermanos, de tíos, de la familia completa, separados por no tener la libertad de estar en el lugar donde quisieran estar.

Mi hermana menor había viajado a EUA por varios años consecutivos, iba y venía, pero por un error de entendimiento le quitaron su visa, simplemente "le quitaron su vida".

Para la familia fue un shock, para mí fue culpa de no decir las palabras completas.

Trataré de explicar con palabras su dolor:

Al ser inmigrante sufres dos procesos, el primero cuando llegas a este país y tienes que adaptarte a vivir, empezar desde cero a conocer un lugar donde no has nacido; es empezar a renacer, adaptarte a vivir espacios de nostalgia, de crecimiento, de nuevas ideologías, tanto como nuevos proyectos.

Después, cuando ya has pasado por todo eso, creemos que ya tenemos algo de raíz en nuestro nuevo país.

Creemos que hemos pasado la prueba de fuego, creemos que hemos superado grandes batallas y obtenido grandes aprendizajes.

¿Qué pasa cuando te sacan de este país y te cortan esa nueva raíz que empezaba a crecer?

Mi hermana tiene muchos recuerdos acá. No tiene hijos, tenía proyectos pero no para quedarse a vivir.

El solo hecho de ver su imagen de derrota por negarle la entrada me dolió el corazón y en medio de ese dolor traté de ir más adentro, no solo del dolor de ella sino a través del dolor de cualquier ser humano que es erradicado del país donde había emigrado.

1. Para empezar, el dolor es muy grande, algunas veces irreversible; provocando la inmensidad de la gran pérdida de cada amigo, de cada familia, de cada momento compartido. La diferencia en esta situación es que cuando uno se va, la gran mayoría es porque así lo ha decidido.

   Pero cuando te sacan de un país es una deportación, me atrevo a pronunciar esta palabra porque es tan fuerte que describe literalmente el mensaje: te están arrancando... te están despojando de lo más querido que se tiene en ese momento. La pérdida se convierte automáticamente en un gran dolor y el dolor es tan grande casi como el de perder a un ser querido.

2. La tragedia se convierte en culpa, no importa la razón por la que le hayan deportado, al final todos se llenan de culpa.

Culpa por lo que se hizo o se dejó de hacer, por las palabras o frases que se dijeron en la oficina de un agente de inmigración, por no haber actuado correctamente frente a cierta situación, por no haber ahorrado suficiente dinero cuando trabajas y te iba bien.

Culpa hasta por no haber abrazado al ser querido esa mañana, cuando saliste de casa; pueden ser grandes o pequeñas, pero las culpas siempre están al acecho de una persona repatriada.

3. El dolor se convierte en miedo porque te envían a una tierra posiblemente desconocida o irreconocible, porque ahora se está solo; se siente el miedo a perder todo, desde una almohada preferida hasta el valor de una vida. El miedo se apodera de la vida, se acentúa en cada proyecto

perdido; se apropia del cuerpo, de la mente y de la vida entera.

4. El sufrimiento se convierte en fracaso, el fracaso llega por automático, y más cuando no se ha logrado realizar completo un proyecto en el país que tuviste que dejar.

5. Pero después el dolor se convierte en esperanza. Afortunadamente después de pasar por mucho dolor y avanzar en el duelo llega una luz de esperanza, forjada por la perseverancia de querer adaptarse.

    Aquí es cuando se reacciona, se abren los ojos y se empieza a ver la luz en medio del drama. Para algunas personas es más rápido que para otras. Pero sé que al soltarse del hilo del que estaban agarrados y sufrir la caída se empieza a ver la luz, esa luz que empieza a dar esperanza.

6. La deportación te da una oportunidad de un nuevo vivir. Llegar de regreso a tu país debe ser muy difícil, doloroso porque se extraña y se compara continuamente lo que se ha dejado por lo que ahora se vive. Mi experiencia me dice que nunca se vuelve a ser la misma persona.

Se pueden convertir en una persona más creativa o negativa; creativa porque al haber conocido un nuevo estilo de vida te da ideas para plasmarlas en tu nueva situación, o negativa porque se compara en cada instante con lo que se ha dejado y cada día se cierra la oportunidad de ver y vivir que ahora eres un ser multicultural.

7. El dolor se debe convertir en amor. Cuando se está en medio del dolor, fracasos y todos esos sentimientos antes mencionados, es el momento de abrir tu corazón a la sensibilidad y sentir el amor y el perdón hacia uno mismo.

   Es el momento de abrazarnos unos con otros, tanto con los que llegan de regreso como con los que los reciben. Abrazar es la manera más importante de comenzar a ayudar, de retribuir y agregar fe y esperanza a una nueva jornada.

CAPÍTULO 9

Cuida tu dinero

Si una de las razones más importantes por las que muchos emigramos es por la situación económica, entonces ¿por qué no cuidar nuestra economía?

Realmente se viven muchos retos por estar mejor, por vivir cómodamente, porque nuestra familia pueda tener comida en el refrigerador.

Aunque parezca increíble, he conocido personas que me han contado que nunca en su vida habían tenido un refrigerador lleno de comida hasta que llegaron a EUA; eso para ellos se convierte en abundancia absoluta.

Venimos buscando la abundancia, tener dinero. Mucha gente cree que conseguir dinero es fácil aquí en EUA, lo fácil es no tener control de nuestras finanzas, que se pierda la verdadera esencia del motivo de nuestro viaje.

Les he hablado un poco de los valores que traemos de nuestros países, que algunos es necesario dejarlos guardados en el baúl porque aquí en EUA no nos sirven, pero hay otros que sí. Lo difícil es escoger cuáles valores guardo y con cuáles me quedo, y entre esa dificultad está la parte financiera.

A continuación podrán encontrar algunas ideas de cómo vivir en paz y feliz en su área monetaria.

1. Conservemos siempre el valor de nuestras abuelas, nuestras mamás que nos enseñaron a pagar todo lo que debemos.

   Cuando se llega a EUA se aprende que *"si no tienes crédito no vales"* y literalmente este concepto la gente suele tomarlo muy en serio porque lo primero que hacemos es correr y sacar crédito y más crédito. Tener crédito no es malo, lo malo es deber más de lo que ganamos.

   Nos vamos de vacaciones, echamos gasolina o compramos comida, hacemos fiestas, compramos regalos y todo eso lo hacemos con tarjeta de crédito. Cuando no tenemos dinero para hacer algo de primera necesidad es momento de buscar ayuda, no de caer en ansiedad.

2. No des lo que no tienes, nadie puede dar lo que no tiene. Hay gente que tiene la costumbre de mandar las remesas cada semana o quincena, pero en ocasiones no se puede y debemos hacer que nuestra familia tenga conciencia del gran esfuerzo que se hace.

3. Aprende a comprar. Una de las cosas que más me impresionó cuando empecé a comprar a crédito fue que las tiendas latinas eran más caras, te dan el crédito fácilmente pero con el primer pago que das ya pagaste el costo del artículo; además un artículo de cien dólares con financiamiento por dos años te sale costando como ochocientos dólares.

    Es frustrante ver cómo en algunos lugares se abusa de la gente que tiene miedo de entrar a una tienda con nombre en inglés; rompamos esa barrera, entremos a todas las tiendas no importa de que al principio nos de miedo.

    Aprender a comprar nos lleva a ser más conscientes del servicio que nos merecemos como clientes. Nos enseña el valor de nuestro derecho por exigir una mejor calidad en el producto o servicio.

4. Lee, edúcate financieramente. Hay muchos libros y videos con información referente a este tema, pero también hay muchas cosas que traemos en el subconsciente que debemos trabajar en la parte financiera, especialmente si vienes de una familia donde el hambre predominó.

En este aspecto, te invito a educarte y entender concreta-
mente que ahora estás en un país de abundancia.

CAPÍTULO 10

Remesas

Uno de los objetivos más grandes que proyectamos al salir de nuestro país es poder mandar dinero a nuestra familia, ayudar a educar a nuestro hermano pequeño, ayudar a mamá a comprar el kilo de tortilla que hace falta en la mesa.

Y este objetivo puede llevarnos a pasar por muchas cosas, desde dejar de comer hasta matarnos por el trabajo con tal de conseguir nuestro objetivo.

Hay personas que dejan de comer para mandar remesas, que duermen en la calle para mandar el dinero, que no ganan el dinero con el sudor de la frente sino con sangre de sus manos.

Esas personas son las que verdaderamente están haciendo un sacrificio muy grande por sus seres queridos, son las que en otro país han logrado construir una casa y le dan de comer a diario a sus hijos.

Conversaba con una señora de la cual me enteré que por fin tuvo su residencia, la conocí hace más de diez años. Su mirada era siempre triste y podía verla sonreír, pero en ella había un sentimiento indescriptible de dolor.

Me contó que ya había viajado a su país y por primera vez después de diecinueve años pudo ver a sus hijos, les hablo de hijos de menos de veinticinco años.

O sea, esta mujer crió a sus hijos a la distancia, por medio de *facetime*, de un amor de lejos.

Realmente no puedo imaginar por lo que habrá tenido que pasar, lo único de lo que sí estoy segura es de haberla visto enfocarse en su objetivo, tener dos trabajos y sacar adelante a la distancia a sus hijos.

Podemos mandar dinero a todos y para todo.

Si hay fiesta en el pueblo hay que participar, si hay un enfermo en el hospital hay que mandar dinero, si hubo un desastre natural hay que hacernos presentes, si alguien quiere ir a la universidad hay que apoyarlo, hasta si la sobrina o la hermana quieren operarse el busto o los ojos.

Generalmente, para la mayoría siempre los que vivimos en EUA tenemos que cooperar.

Puede llegar un momento en que nos cansemos de hacerlo, por el simple hecho de darnos cuenta que de repente hacemos más floja a la gente que recibe el dinero.

Hay un momento en que ellos ya toman por segura nuestra ayuda y creo que debe haber un balance entre los que estamos dando tanto como entre los que están recibiendo. Por eso les cuento un poco lo que algunas personas hacen para mandar sus remesas.

Porque, como en todo, hay dos caminos: uno es de los que se vinieron, sufrieron, se adaptaron y se olvidaron completamente de la familia. El otro, de los que nunca logran hacer nada aquí porque todo el dinero lo están mandando fuera del país.

Ninguno de los dos extremos nos hace buenos ni malos, cada uno debe establecer su balance y saber qué es lo mejor para todos; debemos conservar nuestra raíz como también tenemos el derecho a crecer y desarrollarnos. Para eso necesitamos enfocarnos en nosotros mismos.

Este dinero por alguna razón debería ser bendecido y recibido con amor.

Cuando cada uno de los que reciben la remesa se pongan a evaluar lo que se recibió, se darán cuenta del tesoro que les llega a sus manos.

Es gratificante recibir las gracias del sobrino por haberle dado una camisa, o cuando tu hermana recibe su diploma de graduación y sabe que trabajaste hasta las once de la noche todos los días de la semana para ayudarle en su carrera universitaria.

Es doloroso cuando solo te llaman porque necesitan algo, es frustrante cuando solo te estiman cuando pagas la cuenta de un restaurante o cuando les llevas un buen teléfono celular, cuando fuiste de vacaciones. Es doloroso cuando te apartan de la familia porque no pudiste cooperar con la compra de la medicina para la mamá.

En cualquier situación que estemos debemos hablar y lograr un entendimiento con la familia de lejos, poco a poco debemos hacerlos conscientes y contarles de cómo realmente nosotros vivimos en EUA, sin máscaras, dejando un poco el ego y decirles la verdad, decirles que los cien dólares que mandaste los tenías destinados para comprarle zapatos a tus hijos.

La mejor forma de dar es no quedarnos vacíos, dar tanto para ellos como para nosotros mismos.

CAPÍTULO 11

El poder de la adaptación

Como Contadora he conocido diversidad tanto de gente como de negocios. Continuamente llegan a mí gente muy creativa y también muy cerrada.

He recorrido muchas millas visitando diferentes empresas por varios condados, he estado en muchas oficinas de diferentes estilos, he trabajado en cientos de escritorios; así se han pasado estos veinte años de mi experiencia contable en EUA.

A través de estos años he entendido el poder de adaptación que he desarrollado sin proponérmelo, todo fue en base a querer crecer un negocio y, lo más importante, traer dinero a casa para cubrir los gastos de vida de mis dos hermosos hijos.

Dentro de esta adaptación hay varios puntos importantes que se deben tomar en cuenta y les daré algunos:

1. **Gente:** Qué tipo de gente voy a conocer. Como soy Contadora, conozco en las compañías las dos partes: al jefe o dueño y a los empleados. Es muy interesante ver cómo cada uno piensa y actúa diferente, tengo la flexibilidad de estar con las dos partes según como se necesite, porque tanto hay dueños como empleados débiles.

El conocer gente de diferentes países es una bendición, y lo más importante es que no debemos crear estereotipos, ser flexibles, y observar sin hablar mucho me ha permitido ser testigo de cómo existe gente maravillosa en este país.

Tener la paciencia de hablar con un empleado y escuchar su historia es mejor que ver la mejor película de Hollywood, tener la mente abierta con el corazón en la mano me ha dado la oportunidad de expandir mis brazos y poder ver que las historias de vida de cada uno de los inmigrantes que recorren las calles de todo el país son dignas todas de un *best seller*.

Abramos nuestro corazón, dejemos creencias en casa, expandámonos a conocer mejor a cada persona, sin criticar ni juzgar. Solo entonces entenderemos que el humano es solo eso: humano, y con deseos de ser amado.

2. **<u>Música:</u>** En una oficina una chica estaba escuchando música de los años noventa, me preguntó si no me molestaba y le dije que no. Entonces pensé ¿cómo había llegado yo a este punto?

Puedo llegar a cada oficina y escuchar reggaetón, clásica, ranchera, romántica, etc., y no me molesta; nunca pido que cambien la música, primero es el respeto hacia ellos.

Segundo, me enfoco en mi trabajo dejando fuera cualquier cosa que me incomode, o también llegando a ser flexible porque estoy en una oficina solo por algunas horas, pero lo más importante es que escuchar música donde yo no la escojo, solo me abre más la oportunidad de conocer las personas que trabajan en este negocio.

3. **Ambiente laboral:** Sin duda, cada oficina o negocio tiene su ambiente laboral diferente. En algunas gritan más que en otras, en algunas se ofende al empleado y en otras se edifica; existe de todo tipo. Me duele mucho cuando se le grita al empleado y por esta razón algunos negocios han dejado de ser mis clientes.

    Una vez encontré a una chica, madre soltera, que su jefe no le había pagado por tres semanas, hablé con ella cuando él no estaba en la oficina, le sugerí que no permitiera que hicieran eso con ella.

Había que inyectarle valor a su trabajo y a su tiempo, por eso sin mucho hablar y para que llegara de una manera directa y reaccionara, le dije que una de las formas de tener valor a su trabajo es cada vez que ella está sentada trabajando en un lugar donde no le están pagando, recuerde que es tiempo que ella está regalando y si va a regalar tiempo que mejor vaya y se lo dé a su hija de dos años que la está esperando.

Abrió los ojos y se llenaron de lágrimas, le di un abrazo y le dije que valore lo que hace, que el tiempo de su hija ya no regresa.

Créanme que a partir de ese día ella cobra todos sus cheques semanalmente.

No importa en qué ambiente laboral estemos, lo más importante es qué hacemos donde estamos.

4. **Comida**: Tengo la disciplina de siempre empezar el día sin hambre, siempre como algo saludable antes de empezar a trabajar.

En las oficinas se llevan diferentes tipos de comida, especialmente mucho café y donas.

He conocido personas que están con el estómago vacío provocando una tremenda ansiedad que los lleva a correr a la máquina y comer lo primero que encuentran, provocando que sus cuerpos sufran las consecuencias.

Es bonito compartir un *lunch* con los compañeros de trabajo, pero solo en ocasiones y así lo he estado haciendo, especialmente porque al momento de comer o salir a beber licor pueden provocarse situaciones desagradables entre los mismos compañeros.

Adaptarte a ver muchas caras, muchas culturas, miles de formas de pensar y formas de actuar nos lleva a saber quiénes somos sin querer ser parte de ellos; nos da la base de poder movernos en diferentes ambientes sin ofender o denigrar a nadie.

El poder de adaptación viene cuando se sabe quiénes somos, es saber de dónde venimos y cuáles son las líneas que se cruzan y cuáles no.

Desarrollar este poder nos ayuda a valorar lo que cada uno es y mantener nuestra esencia en medio del respeto y la aceptación, digo aceptación en medio de tus lineamientos.

Adaptarse con la responsabilidad de ser nosotros, ese ser que es flexible para entender pero también fuerte para no aceptar lo que te pueda lastimar.

Adaptarse es ver la magia de la diversidad mundial que somos.

CAPÍTULO 12

Sueños en común

Caminar por el desierto, dejar la familia, la raíz, morir en el intento… Todos morimos de una forma u otra.

Unos renacemos de las cenizas y otros viajan por la repatriación, el caso es que todo el que pisa este país viene con un profundo sueño.

Cada uno es movido por la esencia de esperanza, fortaleza y perseverancia.

Son muchos y muy grandes los sueños que nos impulsan a seguir este camino, que en muchos casos nos solucionan la vida.

Los sueños vienen de acuerdo a la cultura, al origen de cada uno de nosotros.

Hambre:

Esta palabra es muy fuerte y dolorosa. Venir con hambre a este país, donde quizá el único sueño de vida es tener el refrigerador lleno de comida, donde no se puede liberar del hambre arraigado desde bebé.

Haber sufrido de hambre por mucho tiempo nos empuja el deseo hacia la comida. He conocido personas donde todo su salario y su vida está dirigida a la comida, están comiendo y pensando qué van a comer más tarde.

Comen de todo, sin hacer una selección de lo que es mejor para su salud, por ello durante largo tiempo de su vida su único sueño fue tener mucha comida para saciar el hambre que han sufrido desde su concepción.

Hay personas que solo comían frijoles y tortillas, mientras las mamás les decían *"Recuerda a esos niños africanos que se están muriendo porque no tienen nada de comer"*. Crecer así nos provoca una adultez llena de ansiedad por la comida, incitando que tener una mesa bien servida sea uno de nuestros más grandes anhelos.

Afortunadamente, al venir a este país este sueño es uno de los que más rápido se cumple, porque el empezar a trabajar con disciplina nos da la oportunidad de comer lo que queramos.

La solvencia nos permite ir a una variedad de restaurantes de diferentes culturas, se moldea el paladar con excelentes sabores. Nos invita a educarnos en cómo ser selectivos a lo que vamos a llevar a nuestra boca, ya que existe una infinidad de comida chatarra como de comida saludable.

Sin dejar de tomar en cuenta que puedes comer con un dólar o con cien, esto se convierte en una hermosa y saciable selección.

Aquí quizá no encontraremos el verdadero sabor con el que crecimos, pero al menos tenemos el poder de convertir nuestra mesa en un buffet, donde se decide cómo se disfruta, donde elegimos llorar por los que no están o disfrutar nuestro sabor del sueño logrado.

Amemos lo que tengamos en nuestra mesa; la comida nunca tendrá el mismo sabor que en nuestro rancho, pero al menos nuestro estómago no volverá a sufrir por querer comer y no tener. Nuestra ansiedad por la búsqueda de comida termina cuando hemos abrazado la comida como un regalo de vida.

Nuestro propio negocio:

Este es uno de esos sueños que me encanta escuchar, porque soy partícipe de ello. No importa el nivel de educación, si hablas bien inglés o solo un poco, si eres hombre o mujer, grande o chico. Aquí lo único que importa es que tengas vida y te muevas.

Este sueño se ve en la mayoría de los que cambiamos de país, se puede ver en los ojos de muchos, en la sonrisa iluminada por sus ideas.

Creo que este es uno de los más grandes sueños que EUA te puede dar y quizá porque todos lo sabemos es que nos aventamos a la aventura de vivir la experiencia.

Existe mucha gente con grandes ideas y proyectos, con gran visión y voluntad, pero también gente que tropieza porque no sabe cómo recurrir a profesionales por ayuda.

He conocido excelentes personas que son buenos vendedores, con grandes ideas, pero se les olvida la parte administrativa y legal, y es ahí donde el sueño puede fracturarse.

Es emocionante ver cómo la fortaleza de nuestra gente nos levanta en medio de un país e idioma desconocido, ver el arranque de muchos empresarios que empezaron solo con la idea y su creatividad los ha llevado a crear grandes imperios.

Me alegra el haber elegido un camino donde de alguna manera puedo ayudar a estos soñadores, donde puedo ver sus caras tristes por el contrato que no cerró, como también puedo disfrutar de su alegría al gozar de las mieles del éxito.

Para desarrollar un negocio hay que tener disciplina, saber cuándo es verdaderamente un negocio o solo es un gasto, tener la visión de todo, es abarcar la idea y crecerla en fe y esperanza.

Crecer un negocio es fantástico siempre y cuando seas el líder, no el esclavo.

Crear un negocio es educarte, fortalecerte, caminar en creación, creándolo sin condiciones; estos sueños por lo regular nacen en las calles de nuestros pueblos, en esas largas conversaciones con nuestros amigos, en esos andares solos cuando empezamos a pensar en volar.

Ahora todo es posible, cada sueño tiene magia, cada idea tiene vida, cada creación tiene la mejor reacción.

Casa – Hogar:

Por años soñamos con tener una bonita casa, donde podamos llevar a nuestros amigos y estar cómodos, donde no nos dé vergüenza poder compartir.

Creo que muchos nos privamos de reuniones o de disfrutar una agradable compañía porque no teníamos una casa como la del vecino y crecimos con la ilusión de un día poder construir una a nuestro gusto; poder darle a nuestras madres esa casa que habían soñado.

Quizá el sueño no tanto venía de nosotros sino heredado de madres, abuelas y bisabuelas con el mismo deseo. Tener una casa es el complemento de un hogar, es no tener el miedo a qué va a pasar en la siguiente lluvia.

Por años, las lluvias en Culiacán, Sinaloa, fueron el terror más grande, porque en mi pequeña casa, donde solo había dos cuartos completos, solíamos dormir en el piso; era mucho mejor cuando llovía de día, porque todos estábamos alertas para que el agua no entrara en nuestra casa.

La situación más difícil se presentaba en la noche, cuando mi hermana y yo dormíamos en el piso, solo sentíamos cómo el agua iba entrando por debajo de la puerta; de una manera lenta y misteriosa empapaba nuestras cobijas.

Sin hacer mucho escándalo y sin problema yo miraba a mi hermana cómo se levantaba dormida, sin decir absolutamente nada, halaba sus cobijas y escogía un lugar seco para dormir.

Así caminaba todo el pasillo hasta llegar al final de la casa donde por fin se despertaba y nos poníamos a sacar el agua y salir a la calle para destapar la alcantarilla que se había atorado con la basura, por lo tanto el agua estaba estancada.

Esto era tan común en verano que no nos amargaba, al menos no recuerdo haber escuchado tanto lamento de esta situación.

Éramos dos adolescentes que trabajaban y estudiaban, así que teníamos tantas cosas qué hacer que lo que menos queríamos era quejarnos de cosas tan comunes como compartir nuestro hogar con la lluvia, pero al mismo tiempo no dejábamos de soñar, y mi sueño siempre era escuchar el ruido de la lluvia sin sentir el dolor al saber que ya venía.

Ver la lluvia y disfrutar su hermosura es un privilegio que nos da el tener una buena casa y por situaciones como esta y muchas más es por lo nace el sueño de tener una casa.

Pero al mismo tiempo —como ya lo he dicho— no es solo tener una casa, es convertirla en un hogar.

Como mi historia, hay muchas y quizá más trágicas, donde el tener una casa se convierte en una obsesión o quizá en un sueño inalcanzable en nuestros países.

Afortunadamente, vivir en EUA trabajando conscientemente y con mucha sabiduría te garantiza una hermosa casa, o quizá un rancho, o solo un condominio, donde no importa el tamaño de la casa que hayas querido, pero sí importa el sueño que se logra.

Auto - Carro:

Hemos sido tan creativos en cómo tener un carro que también se convierte en un sueño de inmigrante.

Hay que recalcar que al vivir en una ciudad como Los Ángeles, California, es una necesidad por las distancias y por el servicio un poco arcaico del metro.

Cuando se llega a EUA solo queremos un carro viejito y que no nos deje en el *freeway;* así empezamos la mayoría, con un carro regular, donde si sabes algo de mecánica lo arreglarás mejor, pero si no, un carro viejito puede convertirse en una pesadilla.

Manejar en ciudades de mayor población latina es ver mucho carro viejo, y les cuento esto porque en ocasiones se debe andar con cuidado, porque esto es símbolo de personas sin documentos legales en este país.

Cuando un policía ve un carro viejo, de antemano sabe que este carro posiblemente no tiene seguro y lo trae una persona ilegal en EUA.

Puede ser gratificante regresar al pueblo o rancho con una camioneta de último modelo, al mismo tiempo es incómodo regresar del viaje y ver que el sueño del carro es una deuda no pagada.

Si el carro es una necesidad, no brinquemos el paso de hacer conciencia con nuestra economía y analizar cuándo es el momento y sin que nos afecte podamos cumplir el sueño de tener el carro que en nuestra infancia soñamos.

Ningún sueño tiene precio, pero sí valor y conciencia de logro.

Ropa:

¡Oh! Este era uno de mis sueños favoritos.

Vivir en escasez te limita mucho y más cuando vives en un lugar donde para la gente es muy importante la ropa que usas y no repetirla mucho.

Como casi no tenía ropa me producía mucho estrés la pregunta de siempre: ¿Qué me voy a poner?

Llegué a dejar de asistir eventos muy importantes para mí por no tener ropa, llegué a cancelar citas con mis personas favoritas por no tener qué ropa ponerme.

Debí haber dejado el *qué dirán* a un lado y podía haber asistido con lo que tenía, sin mortificaciones, pero el hecho de pensar *ya me vieron esta ropa* me provocaba encierro.

Sin embargo, no mataba mis sueños de tener un closet lleno de ropa y zapatos y específicamente para cada ocasión.

Si en el rancho llegué a la competencia de carreras con sandalias y vestido, ahora mis pies merecían unos tenis cómodos. Si en la escuela en México me presenté con los calcetines mojados porque solo tenía un par, aquí en EUA me merezco tener los calcetines adecuados para cada ocasión, para frío o calor.

Si en mi pueblo me presentaba a trabajar siempre con uniforme porque no tenía más opción, aquí puedo disfrutar de mi ropa de mujer ejecutiva y profesional con admiración.

Ha sido mucho el cambio de mi closet, pero al mismo tiempo he aprendido a no preocuparme por qué ropa me voy a poner.

He aprendido a sentirme bien con lo que tengo y con lo que visto. Lo más importante es que en EUA existe la libertad de vestir como quieras.

Los Ángeles es multicultural, realmente cada quien se viste como quiera, así que lo más importante no es tanto la ropa que se tenga, sino que sepamos quiénes somos y qué representamos; nuestra carta de presentación son nuestros ojos, nuestra sonrisa, nuestro ser.

Cuando sabemos representarnos a nosotros mismos ese es nuestro mejor vestuario.

Antes de terminar, me encantaría aclararles que cuando hablo de *mi sueño* de tener ropa, realmente no es la gran cantidad o que me gaste mucho dinero en ella, porque en realidad mi closet es pequeño y tampoco apoyo el consumismo.

En realidad es aprender a tener las piezas necesarias, cómodas, apreciadas en tu armario; se trata de saber combinar y saber lo que nos gusta, y esto se da cuando aprendemos a comprar y vestirnos no con el cerebro ni con la opinión de los demás, sino más bien cuando lo hacemos en base al saber vestir al cuerpo que es el que sostiene nuestro ser.

Estudiar:

Puede sonar un poco pasado de moda, pero aún sigue siendo el sueño para mucha de nuestra gente. Recordemos que en generaciones pasadas estudiar era un privilegio para pocos.

Para personas que venimos de ranchos o pueblos muy pequeños es difícil asistir a las escuelas; hay muchas escuelas públicas, pero por el hecho de venir de lugares muy pobres esto nos lleva a mejor trabajar que estudiar.

Por eso el sueño de los padres se hereda un poco a los hijos, porque se impulsa tanto el sueño por el estudio que hay padres que podrían hacer los peores trabajos o tener hasta tres trabajos con tal de que sus hijos puedan terminar una carrera universitaria.

En años pasados eran escasas las personas latinas que terminaban la universidad aquí en EUA; hoy afortunadamente esas estadísticas han cambiado y cada día se ven más jóvenes yendo a diferentes universidades, venciendo todos los límites que se presentan y que son muchos.

Desde el poder de adaptación hasta desarrollar una coraza donde saben que el sueño no solo es de ellos, sino también de una familia completa o quizá de una generación completa.

También hay mucho adulto yendo a la escuela, especialmente a aprender inglés.

En lo personal es hermoso poder ver una generación de latinos mejor preparada, y saber que cada día en todos los lugares de este país hay un latino educado construyendo una casa, o quizá peleando una batalla política por un mejor porvenir.

Estudiar es para todos, quizá algunos tengan la posibilidad de ir a la universidad, quizá otros no, pero una de las cosas que podemos darnos cuenta es que hoy, viviendo en EUA la ignorancia es opcional, porque estamos en un lugar donde la información está en nuestras mano , solo debemos tomarla y aplicarla.

Libertad:

Este punto lo dejé al último y no porque sea el sueño menos anhelado, sino porque debía ser muy específica en señalarlo.

Venir a este país por libertad y encontrarla es el milagro deseado.

Cuando salí de mi rancho a los quince años, sin siquiera mi familia completa, erradicada, asustada y con el dolor de la pérdida, supe el valor de la palabra libertad. Aprendí que la libertad es uno de los tesoros más preciados.

Libertad de pensamiento, de decidir, de crecer, de ser, de amar; libertad, simplemente libertad.

Hay infinidad de historias de personas buscando la libertad por diferentes razones, donde no basta con cruzar la frontera.

La libertad es más que eso, es crecer en cada uno de nuestros aspectos en un país donde no nacimos; es liberarnos del miedo y de tantas cosas mentales que poseíamos y veníamos cargando, donde esto provoca una inestabilidad desmedida; es aprender a ser libres y a priorizar.

Hay que saber o aprender a vivir en libertad, sobre todo si vienes de un país totalitario.

Libertad es caminar en la oscuridad sin miedo al asalto, es dormir en paz, es caminar en armonía.

Libertad es aprender a vivir en libertad.

CAPÍTULO 13

Fortalece tu espíritu

Realmente le agradezco a la vida haber nacido en un rancho, donde no había templo ni nada religioso; mamá me educó espiritualmente solo leyendo una Biblia grande heredada de mi abuelo.

Cada Semana Santa ella preparaba comida para tres días, que era ingerida jueves, viernes y sábado, días sagrados donde ella solo nos invitaba a conocer un poco de Dios.

Lo que más me gustaba era compartir con mis hermanos los juegos y el irnos a buscar tesoros en la montaña.

Ha pasado mucho tiempo de esas vivencias, he pasado muchas cosas, pero nunca fui a la iglesia porque estas para mí han sido siempre grandes monumentos.

Así que cuando llegué a EUA no tenía una parte religiosa arraigada, pero en mi camino migratorio empecé a entender que tenía que crecer espiritualmente y empecé a buscar en diferentes religiones, tratando de encontrar esa paz que en tu interior sabes que existe.

El punto determinante es cuando nacen nuestros hijos y al verme ahí con dos hijos pequeños empezó la pregunta *¿y qué les enseño de Dios?* O *¿cómo les enseño?* Mamá ya no estaba para hablarles de la Virgen de Guadalupe.

Las cosas empezaron a complicarse en mi desespero por encontrar la parte perdida, y esto es muy peligroso cuando se vive en un país que no es el nuestro; es peligroso porque podemos buscar pertenecer a algo y en la búsqueda podemos perdernos más, tenemos ese sentimiento de querer ser aceptados.

¿Por qué? Porque cuando vivimos en un país latino crecemos juntos: todo el mundo nos conoce, tenemos amigos de infancia, crecemos alrededor de una familia completa que incluye primos, hermanos, tíos, abuelos, etc.

Esa convivencia nos hace pertenecer a una comunidad, nos da fortaleza, nos impulsa a crecer.

Pero después llegas a una tierra desconocida y no hay nadie de tu gente o quizá solo una tía, la hermana o el amigo que por años no has visto; por lo tanto lo conoces muy poco.

También es peligroso porque podemos caer en manos de personas que en lugar de levantarnos nos hunden más y así como hay instituciones que ayudan también hay otras que te vuelven esclavo y te destruyen completamente (por ejemplo, sectas donde manipulan a la gente, o lugares donde te dan trabajo y no te pagan de acuerdo a la ley).

Afortunadamente fueron llegando a mí personas buenas que han sido mis grandes maestros. Poco a poco empecé a crecer yendo a talleres, buscando en libros, videos, hasta ir creciendo espiritualmente.

Con las bases firmes en este camino les pude enseñar o transmitir a mis hijos un verdadero camino espiritual.

Por eso fortalecer el espíritu es básico en todo ser humano, pero es urgente para el viajero.

Quizá algunos ya vienen con su lado espiritual muy desarrollado, mientras a otros se les desarrolló en el camino, y esto lo digo porque recuerdo la historia de un amigo oaxaqueño:

Él vivía aquí con sus hijos, tenía un negocio de comida y un día estando en un *7 eleven* (minimarket) lo detuvo un policía, se dio cuenta de que no tenía papeles y lo deportó.

Mi amigo duró seis meses en México tratando de volver a cruzar, hasta que después de varios intentos logró regresar a Los Ángeles.

Cuando me enteré de que había regresado fui a verlo, estaba súper delgado y se notaba su sufrimiento al pasar. Le pregunté cuál había sido su momento más difícil al cruzar y me dijo:

"Pasé muchas cosas, sufrí hambre, sed; dolor de estómago, de cabeza; mis pies estaban hinchados de tanto caminar. Pero mi más grande crecimiento fue al estar caminando de noche en el desierto y saber que estaba lleno de víboras, me llené de valor y en cada paso que daba le pedía a Dios que mis pies pisaran solo tierra limpia. Levantaba mis pies, cerraba los ojos y decía 'Dios, que no vaya a pisar una víbora'. Sin lámpara, un poco mareado de tanto caminar, en medio de eso solo le pedía a Dios que mis pies estuvieran a salvo de la picadura de una serpiente".

Me lo contó de una manera tan sabia, llena de realidad y al mismo tiempo de paz, que pude sentirlo en su pánico lleno de fe, pude sentir que mi amigo había despertado completamente su poder espiritual en esos pasos del desierto. Pude ver la importancia de la parte no visible.

A partir de ese momento, mi amigo se volvió un hombre más centrado en todos los aspectos de su vida.

Crecer espiritualmente no significa que nos hagamos fanáticos de cualquier secta o religión, pero sí que reconozcamos que nuestra pequeñez se vuelve grande cuando estamos unidos a Dios.

Significa que mantengamos el balance en lo que verdaderamente somos y nos amemos tanto que no permitamos que nadie nos haga daño.

Significa tener el valor de crecer nuestra autoestima y sabiduría para seguir avanzando en nuestros proyectos, en nuestro ser independientes.

En este aspecto existen muchos caminos, no sé cuál puede ser el mejor para cada uno; algunas personas ya tienen esta base muy arraigada desde que han salido de sus países, otras llegamos a buscarla cuando ya nos encontramos viviendo en EUA.

Lo único que me encantaría recalcar por la necesidad que hay de pertenecer a una comunidad sería que si buscamos algo o experimentar algo nuevo sea en base a nuestros principios y que no perdamos nuestra esencia.

Prácticamente vamos a encontrarnos en medio de muchas personas de diferentes culturas, por lo tanto trataremos de imitar, de ser lo que no somos; este es un paso muy riesgoso para un inmigrante, porque en el proceso de biculturizarte podrías dejar tus valores básicos, tus principios, provocando la pérdida irreparable de tu esencia.

Hay que ser muy cuidadosos, conocer nuestro valor para no dejar que alguien nos pise o nos ofenda; debemos caminar sabiendo de nuestro valor.

A continuación les daré algunos consejos básicos para crecer y reencontrarnos con nosotros mismos.

CONSEJOS BÁSICOS PARA CRECER Y REENCONTRARNOS CON NOSOTROS MISMOS

1. **Sé original, sé tú:** Por años hemos quizá tratado de imitar a alguien, de cubrir con apariencias lo que verdaderamente somos, hasta llegar a desconocernos a nosotros mismos.

    Mucha gente nos dice: *"si actúas así* vas a lograr una cosa u otra".

    Ser una persona que no eres es riesgoso porque tarde o temprano tu verdadero yo te gritará y se convertirá en un monstruo queriendo salir hasta lograrlo, y la salida puede ser al mismo tiempo muy dolorosa.

    No lleguemos a convertirnos en algo que no somos, solo por ser nuevos en otro país. Nosotros como mayoría tenemos una esencia de alegría, de amor, de optimismo.

2. **Empieza alguna actividad que te haga sentir en paz:** En mi caso me ha servido mucho la meditación, en ella encontré paz y alegría de estar conmigo misma; encontré

la forma de ver muchas cosas que con la ceguera de un estrés ilimitado no podía admirar.

Aquí hay centros donde puedes practicarla, también hay videos y libros que podemos leer para aprender cómo ir desarrollando esta técnica poco a poco.

Hay personas que ésto lo relacionan con determinada religión, pero cuando ya leemos y avanzamos aprendes a desarrollar tu propia técnica dándole tu propio sentido y te das cuenta del ser espiritual maravilloso que hay dentro de cada uno de nosotros.

Por lo tanto, logras avanzar y tener una estabilidad emocional de felicidad indescriptible.

3. **Leer o escuchar audiolibros:** Actualmente la ignorancia en educación es opcional, cada uno de nosotros tenemos a la mano la dicha de poder educarnos libremente; tenemos medios electrónicos a disponibilidad nuestra.

   Recuerdo que cuando llegué aquí a EUA, era casi imposible encontrar un libro en español, y si lo encontrabas solo hablaba de cómo hacer brujería y amarres para conseguir el novio.

Les cuento ésto porque para mí fue muy frustrante ir casi todos los días a la única librería de Huntington Park a buscar un libro o hacer un pedido especial y experimentar esto.

Mi hábito de leer que tenía muy bien formado en México aquí se fue a la basura, porque poco a poco me fui trabando por conseguir libros. Casi siempre los traía de México.

Ahora los tiempos han cambiado y hay libros en línea, audiolibros en *YouTube*, muchos libros gratis en internet; hay mucha información en nuestras manos que solo debemos tomar y ver para crecer.

4. **Ir a la Iglesia:** Si ya tienes la base espiritual y por disciplina siempre has ido a la iglesia, sigue haciéndolo. Quizá ahí encuentres la paz y el regocijo de la fragilidad de ser inmigrante.

Solo ten cuidado de que no sea una secta que vaya a abusar de tu inestabilidad emocional y provoque en ti más sufrimiento.

5. **Júntate con gente positiva:** Ten el valor de dejar a un lado a esas personas que continuamente están pegadas a la mala vida.

Si quieres estar continuamente en armonía debes cuidar tu entorno y quizá hayas escuchado mucho de esto, pero es un punto básico para crecer y lograr tus metas.

6. **Cuida mucho:** Lo que ves, lo que comes, lo que hueles, lo que escuchas, lo que hablas; cuida lo que entra por tu piel. Quizá esto es mínimo para algunas personas.

En el diario vivir eso hace mucho el cambio. Llegar aquí y ver televisión en español me dio dolor de cabeza, porque en ella solo se hablaba de cosas negativas, lo negro de la vida, el dolor de cada ser.

Si estamos tan sensibles por la llegada a un nuevo país, en este momento no hay necesidad de darle más dolor a nuestro ser. Vamos de restaurante en restaurante buscando la sopa de mamá; vamos queriendo ver la sonrisa de nuestros amigos, la mirada tierna del vecino.

Si en este momento extrañas hasta el olor a tierra mojada de tu pueblo, hay que darnos cuenta de la sensibilidad en la que vivimos, por eso debemos cuidar todo y cuando digo todo es todo. Hay que cuidarnos como si fuéramos niños de dos años.

Vigilar cada cosa o situación a nuestro alrededor nos lleva a desarrollar una disciplina en nuestro crecimiento continuo.

7. **Hagamos ejercicios:** Quizá parezca raro hablar de ejercicios en un capítulo donde estoy fomentando fortalecer el espíritu, pero cuando realmente nos conocemos y nos damos cuenta del valor de nuestro cuerpo es cuando empezamos a escucharlo.

   Puedes hacer cualquier actividad como caminar, correr, hacer yoga, jugar al aire libre; creo que lo más importante es que ejercites tu cuerpo y cuando se aprende de la belleza de ejercitarse se aprende más a amar esta hermosa máquina que tenemos.

Tener más energía, menos estrés, mejor condición y sobre todo salud nos hace más agradecidos.

En todos los lugares donde hacen ejercicios tienen espejos. Podemos pensar que solo están para ver nuestro reflejo, pero si cambiamos y pensamos que esos espejos sirven para amarnos más nos daremos cuenta del gran templo que tenemos para nuestro espíritu.

Hay que examinarnos con ojos de amor y agradecimiento.

Hay que ver que esos pies y dedos hermosos han recorrido muchas millas para estar en otro país. Hay que ver esas manos delicadas, unas con muchos callos de trabajo, otras dañadas por los líquidos que usan en sus trabajos; esos ojos que te permiten guiarte a cada instante.

Así, poco a poco y por cada parte de tu cuerpo simplemente agradece, y hazlo todos los días. Cuando menos te des cuenta te despertarás sabiendo que no eres un inmigrante, un ilegal, sino un ser humano único y grandioso que solo cambió de residencia.

CAPÍTULO 14

Aprende a amar a la distancia

En verano muchos estudiantes partirán de sus casas, dejando a las madres pensando y sufriendo la ausencia de ellos.

Este tema me vino a la mente al ver a una amiga lo que estaba sufriendo por la partida de su hija a la universidad en un lugar dentro del mismo país, dejando a mi amiga en medio de un dolor muy intenso.

Hablando con ella le compartí mi forma de amar a distancia, una de las formas de cómo aprendí a darle mi amor a aquellas personas que no puedo abrazar físicamente.

Afortunadamente hoy están los teléfonos celulares y tenemos el *facetime*, tenemos aplicaciones que nos ofrecen infinidad de formas de comunicación.

También sabemos que podemos ver, pero no tocar a ese ser amado y nos quedamos con coraje, frustración y sobre todo miedo al imaginar que quizá ya nunca vayamos a poder hacerlo.

En mis primeros días viviendo en EUA empecé a darme cuenta de que lo que más extrañaba de México eran los abrazos amorosos de mamá, los abrazos fuertes de mis amigos, el abrazo tierno de un niño.

Por alguna razón entendí que "el abrazo estadounidense" no era el mismo, percibí que era más ligero, le faltaba esa espontaneidad de amistad y confianza que siento en el abrazo mexicano.

Esto, aunque parezca insignificante, con el tiempo empieza a provocarte desánimo, tristeza.

Y si no reaccionas te puede provocar una nostalgia irreparable, porque no solo se extraña el abrazo, se extraña también el saludo del vecino que nos vio crecer, el beso del amigo loco, las caras conocidas que saben tu historia desde que naciste.

Extrañar no necesariamente significa ponernos a llorar todo el día y estar enfocados siempre en lo que dejamos atrás.

Extrañar también puede ser un estímulo para vivir mejor, para buscar una solución de cómo estar, de cómo conectarnos con ese ser que nos está extrañando igualmente; porque el dolor no es solo acá, es allá también.

En el transcurso de mi vida me he separado de muchas personas amadas, por muerte, por venir a vivir a EUA, porque mi hijo se fue a la universidad, por voluntad, por volar, por libertad.

Han sido separaciones fuertes que de alguna manera me han hecho buscar soluciones para no estar metida constantemente en el sufrimiento, en el abandono.

Les hablaré de algunas:

Cuando mi hijo se fue a la universidad:

Como madre pensé que él siempre iba a estar conmigo, aunque en el fondo todos los padres sabemos que nuestros hijos se van a ir, pero no lo aceptamos; así que sufrimos mucho cuando ellos vuelan de nuestro nido.

Recuerdo haber estado embargada de miedo y pavor, provocándome pensamientos negativos, pero al mismo tiempo vinieron a mí experiencias vividas, por el hecho de haberme separado de mi familia, experiencias muy dolorosas que por años he venido superando.

La enfermedad de mamá:

Estando embarazada de mi hijo, sin poder salir de EUA por mi situación migratoria, recuerdo haber estado parada mirando a través de la ventana y lloré y lloré porque mi mamá estaba muy grave; mi familia estaba toda en Culiacán con ella, solo yo estaba aquí, la distancia sea hacía tan grande que me rompía el corazón.

Los días y las noches se hacían eternos, es el sentimiento más grande de prisión, es ver a la ventana cerrar tus ojos y saber que esa alegría de ver tu ser amado se diluye en tus manos y ya no está aquí. Es sentir por primera vez que solo te tienes a ti para poder salir adelante.

En estos dos casos, particularmente, he practicado diferentes formas de superar ese dolor, esa nostalgia. En la enfermedad de mamá fue más difícil, porque aunque sabía que estaba embarazada sabía que debía levantarme, no tanto por mí, sino por el bebé que venía en camino.

Mirarme ahí en la ventana llorando con mi panza de siete u ocho meses me hacía recordar que había un ser vivo en mi vientre, que podía salir corriendo hacia donde mamá estaba o seguir las leyes de inmigración y permanecer aquí sin moverme.

El simple hecho de que estés en un lugar donde no quieres estar te produce un sentimiento de encarcelamiento, aunque estés físicamente libre.

La única frase que me salvó para salir de ese momento fue la que me dijo mi maestro de Taekwondo cuando se enteró que estaba embarazada: *"Piensa en positivo"*.

Al recordarla me hacía luchar con mi mente y de entre las cenizas de cosas negativas sacar los mejores pensamientos positivos, entre ellos que iba a tener la oportunidad de abrazar nuevamente a mamá, que ella iba a poder conocer a mi hijo y lo iba a tener en sus brazos.

De esas dos cosas me agarré en ese momento. Aprendí a desarrollar mi visión de permanencia, o mejor dicho de supervivencia, que consistía en "traer" a mis seres amados conmigo.

En el caso de mamá, por años cierro los ojos un minuto y la veo frente a mí, acercándoseme para darme un beso en la frente. El beso que mamá me daba significa todo el amor que ella tenía para mí.

Puedo sentir la humedad de sus labios en mi piel, y aunque han pasado ya casi veinte años desde que ella no está físicamente conmigo, aún sigo sintiendo y viviendo el momento del beso de mamá como si estuviera aquí frente a mí.

En el caso de mis hijos es distinto, porque ellos ahora viven conmigo.

Mi técnica de supervivencia se fue desarrollando cuando mi hijo estuvo viviendo en Colorado por un año; el extrañar me invadió mucho, sentía que el tiempo se había ido de mis manos y no le había demostrado todo mi amor.

Empecé a tomar tiempo para "conectarme" con él en las noches, antes de dormirme lo traía a mi mente, le daba la bendición, no sin antes decirle lo mucho que lo amo.

Lo "abrazaba" y por alguna razón cada vez que lo hacía trataba de escuchar los latidos de su corazón, ese latido que escuchamos por primera vez cuando son muy pequeños, ese latido que aunque va cambiando con el tiempo nosotras las madres lo tenemos grabado en nuestro ser.

Esto me dio la confianza de practicarlo en casa siempre, no importando que los hijos estén lejos o cerca. Ahora los tengo a los dos cerca y siempre les demuestro mi amor. Los abrazo a diario, escucho su corazón, no dejo de transmitirles mi amor a través de cada detalle que tengo con ellos.

Si les plancho la ropa, en cada planchada que doy me concentro y les mando mi amor; a mi hija cuando le hago sus trenzas le estoy transmitiendo mi amor y mi sabiduría, le doy paz. He aprendido a estar cerca de ellos, aunque sea lavando los platos donde comieron, o al prepararles la comida.

Todo lo que pueda hacer por mi ser amado es en base al amor.

Esta es la conexión con el amor, no importando la distancia y sobre todo hay que verlos bien; hay que practicar mucho la visualización, hay que ver a nuestro ser amado feliz, saludable, poderoso; hay que aprender que aunque estemos lejos físicamente podemos estar conectados en raíz, en esa raíz que es el amor.

CAPÍTULO 15

*El vacío, la pieza perdida,
la raíz desconocida*

Este capítulo me lo inspiró un gran amigo que conozco por más de quince años, que cuando lo conocí hablaba muy poco español, vivía con la firme convicción de ser estadounidense 100 %.

Tanto que le decían *Oreo cookie*, porque con su tez morena y su pelo negro había aprendido a ser y comportase como *un gringo*. Tanto que en su interior se consideraba blanco, blanco como la crema de las galletas *Oreo*.

Cuando lo conocí hubo una conexión instantánea entre él y yo. Empezamos a tener conversaciones cada día más profundas, las cuales fueron entre inglés y español. Él me pedía que yo le hablara mejor en inglés y él a mí en español, así nos podíamos corregir mutuamente.

Le agregaba palabras explicando el significado de cada una de ellas, y como algunas palabras tienen muchos significados le contaba chistes, los cuales para él no tenían ninguna gracia; eran simplemente a modo de metáforas. Lo mismo pasaba conmigo cuando él me contaba un chiste en inglés, no había gracia tampoco.

Fue pasando el tiempo y nuestras conversaciones se hicieron más profundas, fue un abrir poco a poco el interior de una persona y darse cuenta de lo que hay, de lo que es la esencia de ese ser.

Él vino a EUA a los cuatro años desde la ciudad de México. En los años 60's, cuando en ese tiempo lo mejor era hablar solo inglés siempre para no ser discriminado, sus padres tomaron la decisión de criarlo con poca raíz mexicana; dejaron todo y se mezclaron a sobrevivir en un mundo *gringo*.

Así mi amigo se convirtió en estadounidense, aunque por el color de su piel tuvo que combatir muchas batallas y aceptar una cultura que no era la de él.

Llegando a clasificar a las mujeres latinas como escandalosas y por eso nunca tuvo citas con ellas, se formó un concepto totalmente equivocado de su cultura raíz.

Aprendió que "la mejor" comida mexicana es la que venden en EUA, que la música en inglés es "la mejor", que "el mejor país" es EUA. Creía que había logrado convertirse en un exitoso estadounidense.

Aprendió que el español es un idioma débil, que México solo es un país del tercer mundo, a donde solo ha cruzado la frontera dos o tres veces para ir a Rosarito a torneos de bicicleta.

Aprendió que Tijuana es México completo, que los latinos no tenemos educación; aprendió a ser un hombre fuerte, pero sin demostrar sus sentimientos.

Creció sin saber que abrazar fuerte existe, sin saber que los amigos de tu infancia son amigos para toda la vida.

Creció sin saber que la vecina de la colonia es la que sabe más nuestra historia.

Creció sin esas grandes fiestas de comunidad que se hacen donde se comparte lo que haya en cada hogar; sin saber que si no hay comida en casa puedes ir a comer a la casa de la tía, de la hermana, de la vecina y que en algún lugar le darán un taco.

Creció sin experimentar la ayuda del desconocido.

Creció sin ser mexicano, creyéndose y educándose para ser *gringo*. Lo que nunca imaginó o quizá no le hizo caso era a su corazón.

Su corazón en muchas ocasiones lo puso en el abismo de cuestionarse quién realmente era él...

A medida que fue pasando el tiempo mi amigo pudo lograr muchas metas, todos los objetivos que se había propuesto. Había crecido en un mundo de disciplina, llevándolo a no concebir la idea del no poder.

A medida que avanzaba, más metas lograba, más caminos recorría. Se daba cuenta que había dentro de él un pequeño – gran vacío.

Quizá cuando empezó a darse cuenta de que ese vacío en su ser no lo lograba llenar, buscaba otra meta.

En la búsqueda por llenar ese hueco en su corazón, el camino de su profesión logró llevarlo a la comunidad latina poco a poco, sumergiéndose en la raza.

Descubrió que existe una música alegre, aprendió que el idioma español es hermoso, profundo; fue descubriendo que México es un mural de culturas, que hay muchos latinos educados.

Fue descubriendo que nuestro corazón es capaz de amar inmensamente; se dio cuenta que somos leales.

Durante este tiempo se dio cuenta que dentro de él había un mexicano poseído por un *gringo,* se dio cuenta que nuestro ser nos habla.

Mi amigo aprendió a ser quien realmente es, aprendió a sacar el valor de ese ser escondido por décadas.

Realmente hablo de este caso en particular porque lo viví muy cerca y pude captar el dolor de tener ese vacío no llenado con cosas materiales ni con objetivos logrados.

Esto es solo hablando de una vida, pero realmente he visto muchas vidas completamente desconectadas de su raíz por diferentes situaciones, llevándolas a convertirse solo en plumas volando sin tener un lugar donde aterrizar, porque en el fondo sienten que no son ni de aquí ni de allá.

Se crece sin hogar, sin sentido de pertenencia, llegando a desarrollar una barrera de rencor por no conocer el lugar de donde se viene.

Hay vacíos que se originan por el lamento de una cultura borrada, por querer opacar lo que realmente somos, por no conocer nuestra raíz, por querer ser lo que no somos, por la alegría perdida; el vacío por la apariencia vívida.

Lo más importante aquí es conocer nuestro origen, palpar esa tierra que vio nacer a nuestros padres o quizá a nosotros mismos; saborear la rica comida con la cual mamá y papá se criaron.

Emborracharnos con las historias de nuestros países, esas historias medio verdad medio mentira que nos lleva a cada uno a formar nuestro propio criterio y nuestra propia misión de cambiarla.

Sumerjámonos en la alegría de reír por el chiste más loco y tonto mexicano, crezcamos sabiendo que nuestra herencia de perseverancia nos lleva a construirnos cada uno a nuestro albedrío, y nunca nos perdamos en querer tomar posesión de un ser que no somos.

Caminemos en base a nuestra esencia, a nuestros principios y en base a saber que el origen lo transformamos en el ser que deseamos.

CAPÍTULO 16

*El país de origen o la casa
que está dentro de nosotros*

Venir de otro país o quizá moverte de ciudad puede cambiar tu cultura, pero no cambia tu ser, tu esencia.

Caminar a través de desiertos, cruzar ríos o mares, subir montañas, aprender nuevos idiomas, conocer diversidad de gente, biculturizarte y sobrevivir en tierra extraña podrá mover tu esencia pero no la cambia.

Tu ser ya está formado, solo lo debes desarrollar cada día.

El venir de un rancho tercermundista a una ciudad primermundista me convirtió en inmigrante: no vestía igual, no hablaba igual, no sabía nada de la gente de la ciudad; recibí mucha discriminación, mucho clasismo, mucha denigración.

Entre más dolor tenía más dolor sufría y venía de todos lados.

Cuando tienes dolor de alma te duele el cuerpo, mi familia estaba destruida, mi madre que era la fuerza más grande estaba ahí completamente gris en medio del llanto, mi fuerza estaba débil, todo a mi alrededor se convertía en reto, estaba completamente desamparada.

Sin protección mental solo con dolor inhumano, completamente a la intemperie de cualquier venganza del diablo o el milagro de Dios.

Este es el momento más vulnerable de un adolescente, en la intemperie con frío o calor, donde puede pasar lo malo o lo bueno, donde solo la fuerza de un sueño puede convertir en milagro la vida.

Este tiempo fue el vivido en Culiacán; crecí mucho, fueron valores muy fuertes los que tomé que me han servido por muchos años, fue un crecimiento completo.

Llegué a adaptarme a una sociedad donde importa mucho el qué dirán, el tanto dinero tienes tanto vales, el dónde has viajado, donde un niño humilde puede ser acribillado con tanto clasismo, pero también me enseñó que podía crecer. Hay gente muy hermosa.

Me enseñó que la tierra es fantástica y muy productiva.

Aprendí a hacer de Culiacán mi ciudad y verla hermosa sobre todas las cosas, aprendí a ser feliz y quizá en ese tiempo no era tan fácil.

Creo que en una ciudad se desarrolla mucho la competencia de todo, de vacaciones, de vestir, de cómo es tu físico.

De tanta incongruencia, llegando a convertirse en una vida de competencia continua, aun así me mantuve entre entrar y no entrar a este ritmo de vida. Es mucha la presión como ser humano vivir en competencia continua.

Desde ese momento sentí que debía tomar las cosas hermosas de un lugar donde voy y dejar las cosas que no van con mi esencia.

Aprendí a defender mis valores, mi sentir en todos los aspectos. Y si mis sueños eran más grandes debía seguirlos, no sin antes convertir el lugar en mi hogar.

El llegar a este país me hizo entender más y amar más mi ser. A medida que ha pasado el tiempo, viajando a través de espacios por esta ciudad llamada Los Ángeles, en California, esta ciudad se ha convertido en mi nuevo hogar.

Este es mi maravilloso hogar, mi cueva de paz, mi ciudad favorita.

Mi ser creció a través de muchos lugares, pero también aprendió a hacer un hogar en cada lugar que está. Tu hogar es aquí, aquí donde estás sentado, aquí donde se cosecha y se cultiva.

Este es nuestro hogar. Los otros lugares donde vivimos fueron hogares, pero digo fueron porque ya no están, ya son pasado; ahora este es tu país, seas estadounidense o latino, seas residente, legal o ilegal, acepta este como tu país porque es ahora aquí donde vives, aquí está tu casa.

Aprende que este es tu hogar ahora:

1. Regresa a tu rancho, a tu país, todas las noches. Empieza a traer a tu mente a ese ser amado que tanto extrañas, abrázalo y háblale al oído, pídele perdón por tu abandono, pero al mismo tiempo cuéntale tu sueño. Dormirás en paz.

2. Escribe tus dolencias, la mayoría extrañamos porque no vivimos a plenitud a diario, nos quedan muchos dolores por sanar; regresa a tu infancia y escribe todas esas cosas que te dañan, eso te ayudará a sanar.

3. Acepta que no todo lo de nuestro país es lo mejor. En ocasiones he conocido personas que hablan de su país, rancho

o pueblo como si hubieran abandonado la riqueza por la pobreza. Se idealiza tanto un lugar que no nos permite ver las maravillas de este nuevo hogar.

4. Saborea los nuevos sabores, con esto te sugiero que te atrevas a comer comida de otros países, de diferentes sabores. Encontrarás que tu paladar empezará a cambiar volviéndose más delicado, ya no te complacerá cualquier restaurante, porque ahora buscas lo mejor.

5. Extiende tu visión. Visita todos los parques, museos, ciudades que tengas cerca; vive momentos agradables, haz nuevas memorias en este nuevo hogar.

6. Sonríe, sonríe mucho. Saluda aunque no te contesten las primeras veces o piensen que les estás coqueteando. No importa, con el tiempo se darán cuenta de que estás compartiendo tu alegría interna.

7. Hay que seguir abrazando desde el alma, aunque vivamos en una ciudad o un país frío, no perdamos la oportunidad de dar abrazos. Hay que entender que quizá nuestra misión es venir a traer abrazos llenos de amor a un país frío por el materialismo

8. Cuida tu esencia, hay que definir valores y vivir dentro de ellos con una esencia plena de luz, sin permitir que nadie la empañe o pise. Y si has pasado por eso, no importa; la esencia sigue ahí dentro de cada uno de nosotros, solo hay que tener la paciencia de pulirla y sacarla otra vez.

9. Ámate más por quien eres hoy que por quien fuiste ayer. Ayer eras lo mejor de ese momento, hoy eres lo mejor para hoy.

10. Agárrate y agárrate fuerte de tus sueños. Quizá estás en un momento donde no tienes nada, pero si tienes un sueño lo tienes todo. Agárrate y agárrate fuerte porque cuando estás bien agarrada no hay tormenta que te saque de tus propósitos.

Vivir en un país extranjero puede ser un gran reto para cada uno de nosotros, pero también es un gran crecimiento; hay que tomar de la mejor manera cada paso que se dé.

Hay que valorar el presente y tomar de nosotros mismos esa esencia de sabiduría, de fe, de sueños grandes.

Abramos espacios nuevos donde podamos crear con todo ese amor y alegría que nos caracteriza, con esa sonrisa de felicidad, con el chiste más loco.

Abramos nuevos caminos de libertad en este nuevo hogar, en este país que nos brinda un hogar por elección, donde lo mejor que nos brinda es una tierra fructífera; donde podemos crecer en base al amor, a la creencia y a la persistencia.

Hay qué recordar que el hogar está dentro de cada uno de nosotros. No importa dónde vayamos, el corazón es nuestro hogar.

En cada uno de nosotros hay un hogar interrumpible, un ser humano con valor, un ser amado, un espíritu ardiente de vivir pero también hay un ser moldeado con hábitos y pensamientos que debemos dejar en libertad; en libertad para aprender que el mejor hogar es donde estás ahora, donde tu corazón está latiendo, donde tus ojos observan, donde tu cuerpo duerme.

Tu hogar ahora está aquí, aquí donde tus pies pisan, donde tu boca saborea lo que esta tierra te ofrece. Hoy este es tu hogar y cielo que te cobija.

Hoy levanta tus ojos, abraza y honra a ese ser maravilloso que está dentro de ti; abraza la parte sensible que tienes generada por la distancia, pero al mismo tiempo abraza la parte de fortaleza que te levanta y te da el poder de caminar en este país.

Al final dejas de ser inmigrante, ilegal, extranjero o todos esos nombres que nos dan y te conviertes simplemente en un gran ser humano que ama, fortalecido por la grandeza de espíritu que hay dentro de cada uno de nosotros.

EPÍLOGO

Este libro lo he hecho con el propósito de dar una guía desde mi experiencia a toda aquella persona que ha llegado a vivir a USA, y también a las personas que se han quedado en nuestros países como las familias, amigos y todos aquellos que se quedan al cruzar la frontera.

Al lector le da la capacidad de entender un poco de lo que se vive y lo que se deja, de las consecuencias de algunas situaciones que por ignorancia no las podemos evitar.

Leer este libro invita a conocer mas allá de las grandes fantasías que se han inventado.

Es una invitación a meterse al túnel de las venas de la vida de seres valientes que se abren camino todos los días, con la misión de cumplir un sueño.

Te invito a que este libro lo vuelvas a leer, inclusive que lo hagas en grupo, pero que esta vez lo leas despacio, tomando notas, sub-rayando, reflexionando en cada punto, y que en cada frase que leas, encuentres el verdadero mensaje por el cual fue escrito:

"Cómo vivir mejor siendo inmigrante en los Estados Unidos".

Aunque soy Contadora de profesión, me apasiona ayudar a otros a través de conferencias, talleres, pláticas y servicios de Mentor Coach.

Puedes encontrar todos mis datos de contacto en las páginas finales de este libro.

Gracias por permitirme el tiempo de entrar a tu mente y a tu vida.

AnaDelia Rodríguez.

ACERCA DEL AUTOR

La Lic. AnaDelia Rodríguez, proviene de una gran familia llena de riqueza al natural, de un padre amoroso y una madre grande en voluntad, sin condicionamientos de la sociedad y con plena libertad desde su nacimiento.

Licenciada en Contaduría Pública egresada de la Universidad Autónoma de Sinaloa, emigra a los Estados Unidos en el año 1996.

Es fundadora de su compañía *Ana Delia Financial Services Inc.* ubicada en la ciudad de Covina, California, donde diariamente se desempeña como Contadora y Preparadora de Impuestos.

Ha trabajado para varias compañías de diferentes rubros en México y USA.

En su crecimiento como ser humano, ha descubierto grandes secretos de la vida a través de una variedad infinita de seminarios, talleres, cursos, libros, etc., así como de pérdidas y ganancias personales, comprendiendo al fin que todos necesitamos de un mentor; es por eso que actualmente también se dedica a ser Mentor Coach y Conferencista, impartiendo además talleres de contabilidad y de motivación.

SÍGUEME EN LAS REDES SOCIALES

FACEBOOK: @AnaDelia Rodriguez

INSTAGRAM: @anadelialifecoach

YOUTUBE: @AnaDelia Rodriguez

CONTACTO

Para conferencias, talleres y servicios, puedes contactarme en:

Website: www.AnaDeliaRodriguez.com

Whatsapp: 1+ (562) 631-0078

Email: anadeliafsinc@gmail.com

Dirección: 527 E Rowland St #116, Covina, CA 91723

¿POR QUÉ DEBERÍAS DEJAR UN COMENTARIO EN AMAZON?

La autora lee cada comentario publicado en Amazon y muy seguido responde personalmente. Esta plataforma en internet es también un lugar donde puedes tener comunicación directa con ella.

Compartir tu opinión también ayudará a otros lectores a tomar sus propias decisiones para invertir su propio tiempo y recursos en esta obra.

Dos cosas antes de que dejes tu comentario:

Primero, pedimos solo comentarios francos. Comentarios reflejando el verdadero impacto que este libro causó en ti.

Segundo, que estos comentarios sean prácticos con la intención de ayudar a otros a tomar sus propias decisiones.

Así que si has disfrutado este libro y quieres notificar a la autora así como a sus futuros lectores acerca de tus impresiones, puedes ir a la página de este libro en Amazon para dejar tu comentario y tus estrellas.

Sería de gran ayuda y te lo agradecemos de antemano.

Si tienes alguna crítica constructiva o deseas reportar algún error, puedes enviar un mensaje a la autora en su página de internet:

www.AnaDeliaRodriguez.com

NOTAS

NOTAS

NOTAS

NOTAS

www.ingramcontent.com/pod-product-compliance
Lightning Source LLC
Chambersburg PA
CBHW072233270326
41930CB00010B/2104

* 9 7 8 0 5 7 8 9 7 2 2 2 0 *